일러두기

- 이 책은 『영성이 여성에게 말하다』(싱굿, 2012)의 전면개정판입니다.
- ──◇─◆─◇── 뒤에 나오는 문장은 살레시오 성인의 말씀입니다.
- 제네바의 주교이자 로마 가톨릭 성인인 Saint Francis de Sales는 '프란치스코 드 살'이라고 불리기도 하는데, 이 책에서는 가톨릭식 표기명인 '프란치스코 살 레시오'로 표기했습니다. 이 외에도 일부 인명 표기는 한국천주교회의 통상적 표기를 따랐습니다.

영성이 마음에게 건네는 안부

흔들리는 마음에게

김용은 지음

싱긋

흔들림까지
사랑하고   싶습니다

마음이 유독 잘 흔들리는 사람이 있습니다. 친구의 무표정한 표정에 '나를 싫어하나?' 하며 불안해하고, 직장 상사의 날카로운 목소리에 '내가 뭘 잘못한 건가?' 하면서 눈치를 봐요. 롤러코스터를 타듯 인정받는 것 같으면 구름 위로 날다가 한마디 비난에 지하로 떨어지기도 합니다. 반면에 흔들림이 거의 없는 사람도 있습니다. 이 사람들은 바깥세상을 차단하고 마음의 벽을 두껍게 쌓아 자신을 보호하지요.

 누구나 흔들리며 살아가지만 어떤 마음은 단단해지면서 성장하고 어떤 마음은 상처받으면서 퇴행하기도 해요. 그러고 보면 마음의 흔들림은 외부의 탓이라기보다는 마음속 두려움에서 시작되는 것이 아닐까 싶어요. 어두운 밤 바닷가에 홀로 남겨진 듯, 바삐 움직이는 대도시의 낯선 군중 속에 서 있는 듯 마음속 어두운 세상을 만들면서요. 어제는 원한 만큼 돌아오지 않는 칭찬과 인정에 흔들리고 오늘은 신념만큼 자유롭지 않아 흔들립니다. 어쩌면 우리는 죽을 때까지 그렇게 방황하며 살아야 하는 존재일지도 모르겠습니다. 그렇게 믿던 사랑도 신념도 신앙도 흔들리면서요.

우리는 의존할 수 있는 절대적인 대상을 찾다가 종교를 좇는 것은 아닐까요? 종교의 핵심에는 영성이 있습니다. 종교는 어느 정도의 벽이 존재하지요. 하지만 영성은 누구나, 그 어떤 지침이나 규칙에 구애받지 않고 실천할 수 있어요. 나는 어디서 왔고 어디로 가고 있는지, 나는 왜 끊임없이 이렇게 흔들리며 상처받아야 하는지, 어떻게 위로받고 치유받을 수 있는지를 영성이 말해줘요. 흔들려도 행복할 수 있고 고요할 수 있다는 희망을 영성이 보여줘요.

영성이란 무엇일까요? 나로 실재하는 것, 나로 존재하도록 하는 것이라 생각합니다. 나로 존재하지 못하면 마음에서 아프다는 신호가 오지요. 영성은 영혼의 음식이라는 생각이 들어요. 잘난 척하고 인정받고 싶은 나를 있는 그대로 수용하고 존재하도록 힘과 용기를 줘요. 마음을 돌보고 본성을 정화해가면서 평범하지만 비범하게 존재하게 하는 근력도 주고요. 그렇다고 고통과 공허함이 없어지는 것은 아니겠죠. 슬픔이 크게 소리치면 행복은 잠깐 물러나고, 기쁨이 황홀한 날갯짓을 하면 우울은 잠시 뒷걸음칠 거예요. 영성은 그렇게 어깨동무하면서 함께 걸어가는 길을 보여줍니다.

제가 정말로 사랑하고 닮고 싶은 프란치스코 살레시오 성인 Saint Francis de Sales, 1567-1622이 이 세상을 떠난 지 꼭 400년이 되었습니다. 이 시대에 태어났다 해도 조금도 어색하지 않을 프란치스코 살레시오의 영성은 종교나 이념을 넘어 '마음'을 위로하고 치유해줍니다. 물론 이 책은 살레시오 성인에 대한 이야기는 아닙니다. 단지 수도자로서 그리고 한 인간으로서 살레시오의 영성에 영감을 받은 저의 개인적인 성찰을 영성에 담아 마음으로 전하는 이야기입니다.

온유의 대명사이며 마음영성의 대가인 프란치스코 살레시오 성인이 이 시대에 태어났다면 무슨 말을 했을지 고민해봤습니다. 최고의 학자이면서도 쉬운 언어로 비유를 활용해 글쓰고 말하는 분, 때로는 다정다감한 친구처럼 때론 마음을 치료해주는 상담가처럼 또 어떤 때는 이 시대의 욕망과도 손을 잡은 듯 당당함이 느껴지는 성인이에요. 시·공간의 차이가 무색할 정도로 인간관계에 대한 섬세하고도 현실적인 감각은 놀랍기만 하고요. 디지털 세상 한가운데서 큰 울림으로 전달되는 프란치스코 살레시오의 영성이 여러분의 평범한 일상에 스며들어 따뜻한 위로와 치유가 되길 바랍니다.

각 꼭지의 끝에 프란치스코 살레시오의 말씀을 배치했고, 영성의 길을 따라갈 수 있도록 돕는 '일상을 돌보는 마음영성'과 성인의 말씀을 재구성한 '오늘의 기도'로 별면을 구성했습니다. 부디 이 책이 싸우면서 화해하고 사랑하면서 미워하는 흔들림 속에서도 평화롭고 고요한 내면의 풍경을 만들어가는 삶의 여행길에 동반자가 되어주길 바랍니다.

"자신의 잘못을 참아내지 못하면 이웃의 잘못을 어떻게 인내할 수 있을까요? 실패했다고 초조해하는 사람은 실패를 고치기 어렵습니다. 모든 유익한 교정은 고요하고 평화로운 마음에서 나오기 때문입니다."(프란치스코 살레시오)

오랫동안 입은 낡은 잿빛 수도복을 떠나보내지 못해 한동안 망설였던 적이 있습니다. 그래서 이리 꿰매고 또 저리 꿰매면서 입었지요. 왜 그랬을까요? 솔직히 수도자로서의 가난 때문만은 아니었습니다. 오랫동안 입은 수도복은 제 몸인 것처럼 편했거든요. 새 수도복과 친해지려면 시간이 또 필요하고 불편하니까 떠나보내고 싶지 않았어요. 그러다가 새로운 소임지로 떠나기 전, 할 수 없이 때가 되었다 싶어 안타까운 이별을 했지요. 오랜 세월 사귀었던 친구를 저세상에 보내듯 몇 번이고 토닥이고 애도하면서 이별의 의식을 치른 뒤 보냈던 기억이 있습니다.

10년 전 이 책의 초판 서문을 썼을 때가 생각납니다. 자신감이 넘쳤던 걸까요? 설렘과 기쁨으로 서문을 단번에 써내려갈 수 있었지요. 그렇게 10년이라는 시간이 흘렀고 새롭게 영혼의 옷을 입혀 개정판 서문을 써야 하는 지금, 몇 번이고 쓰고 또 지웁니다. 익숙했던 초판을 보내고 새롭게 옷을 입힌 개정판과의 만남에서 낡은 수도복을 보내고 새 수도복을 맞이했던 그 순간이 떠오릅니다. 물론 이제는 새 수도복이 제 몸처럼 편해졌지만요. 이 개정판도 여러 독자의 흔들리는 마음과 다정한 친구가 되어 익어가리라 믿으며 다시 한번 용기 내어 여러분 앞에 서봅니다.

이 책이 새롭게 태어나도록 '마음'으로 함께해준 출판사 관계자분들과 지금도 천상에서 저의 수호천사가 되어주시는 어머니와 아버지 그리고 지상에서 진심으로 울어주고 웃어주는

사랑하는 가족과 격려와 지지를 아낌없이 보내주는 수도 가족
에게도 감사드립니다.

2022년 7월

김용은 수녀

차례

서문 _4

1 마음에게
마음, 안녕한가요?

2 당신에게

서로가 서로에게 연결되어 있다면

3 아픔에게
아픔도 기도가 됩니다

✳

4 다시, 마음에게

영성은 일상에서 피어나는 꽃

✳

1 마음에게
마음, 안녕한가요?

가끔 저는 몸이 아프거나 피곤할 때 가만히 멈춰 저에게 물어요. '나, 정말 몸이 아픈 거야?' 혹시 해결되지 않은 일이나 문제로 마음이 아픈 건아닌지 돌아봐요. 최선을 다했고 욕심만큼 해낸 것도 같은데 이상하게마음이 무거울 때가 있어요. 내 마음, 정말 잘 지내고 있는 걸까요?

혹시 마음에게 안부를 물어본 적이 있나요? 얼굴에 정성껏 화장할 때처럼 마음을 찬찬히 들여다보면서요. 거울을 보면서 화장하다보면 얼굴이화사해지고 생기가 느껴져 설레잖아요. 마음도 그런 것 같아요. 잠시 멈춰 마음의 결을 따라 위로하고 보듬어주다보면 몰래 감춰두었던 한 움큼의 욕심을 살짝 내려놓기도 해요. 그럴 때 환하게 다가오는 설렘이 있지요.

언젠가 우연히 방송에서 국제구호활동가의 인터뷰 장면을 봤어요. 진행자가 "왜 당신은 그 일을 하세요?"라고 묻자 그는 주저 없이 대답하더군요. "이 일이 내 가슴을 뛰게 해요!" 순간 온몸에 전율이 일면서 뜨거운 감동을 받았어요. 가슴만 뛰어준다면 못 할 일이 무엇이 있을까요? 사실 해야 하는 일, 하면 정말 좋은 일이 많지만 가슴이 움직이질 않아 못 하는 것 같아요.

가슴을 뛰게 하고 설레게 하는 것, 그것이 바로 '마음'이 아닐까요? 그런데 점점 마음을 잃어가는 느낌입니다. 아니, 마음을 잊고 있다는 것이 정확한 표현 같네요. 하루를 보내면서 저는 몇 번이나 마음속 이야기에 귀를 기울이는지 모르겠어요. 분주한 일상에 쫓겨 그저 기계처럼 움직이다 보면 때로는 머리가, 어깨가, 심장이 아프다고 호소해요. 그런데 몸의 소리가 너무 커서 정작 마음의 소리는 듣지 못하는 것 같아요.

마음을 챙겨야겠습니다.

감정을
마음이라　　말하지
　　　　　　않기

가끔 저는 '감정'이 그 사람의 '마음'이고 '인격'이라고 판단해버
릴 때가 있어요. 화를 잘 내는 사람은 좋은 사람이 아니라고
요. 하지만 까칠해도 알고 보면 좋은 사람도 많고, 온순해 보여
도 겪고 보니 뒤끝이 안 좋은 사람도 있더라고요. 보이는 감정
이 전부가 아니라는 걸 알고는 있지만, 그래도 보이는 것으로
타인과 저 자신을 너무 쉽게 평가하는 것 같아요.

　마음과 소통한다는 것은 무엇일까요?

　저는 매일 저녁 예수님 앞에 앉아 성찰합니다. 아침부터 저
녁까지 무슨 일로 누구와 어떻게 만났는지를 회상하면서요. 그
러다가 마음이 불편한 사건이 떠올라요. 그러면 은근히 화가

올라오지요. '잘해주면 뭐해! 금방 또 자기가 옳은 줄 알고 기고만장하게 행동할 텐데' 하면서 타인을 판단하게 돼요. '그래, 그 사람도 한번 된통 당해야 해! 그래야 자기 잘못이 뭔지 알지' 하면서 다음에는 도와주지 말아야겠다는 결심까지 하고 맙니다. 심지어 그가 잘되지 않기를 바라는 못된 마음이 스멀스멀 올라오기도 하고요. 그러면 마음이 더 편치 않아요. 왜 그럴까요?

그 순간 범람하는 감정에 잠겨버리고 만 거예요. 그 감정이 나 자신이 되어 나를 지키려고 무진 애를 쓰다보니 힘을 주고 만 거지요. 감정은 잠깐 찾아온 손님인데 마치 나인 양 나를 보호하려 하다가 결국 미움의 감정이 내 마음의 주인이 되어버린 겁니다.

이럴 때 마음과 감정을 구별하는 저만의 방법이 있습니다. 감정이 주인이 되게 두면 당장은 후련한 것 같은데 왠지 모르게 마음이 불편해요. 반면에 마음이 시키는 대로 했을 때는 그 순간 힘들긴 하지만 평온해져요.

우선 올라오는 감정을 고요히 바라봅니다. 그리고 감정에 말을 걸어봅니다. 감정 너머 내 마음속 '진실'을 찾는 길이기도 하고요. 잠깐, 아주 잠깐 멈추기만 하면 됩니다. 자신의 마음속을 들여다보는 일은 쉽지 않더라고요. 미묘한 감정에 휘말리다보면 알고 있는 정보와 지식의 파도를 타고 분석하고 평가하기에 바쁘니까요. 분석하려 할수록 마음은 더 깊이 숨어버려요. 머릿속 판단과 해석, 생각과 분석에 갇혀 마음은 더욱더 답답하기만 해요. 특히 성찰하는 중에도 자꾸 내 감정 편에 서서 '내가 옳다'고 말하려고 해요. 이는 마음과 소통하는 것을 가로막는 독이 될 때가 많지요.

내가 누군가를 미워하면 '미움'이고 누군가를 사랑하면 '사랑'이라는 것, 그것이 진실인 것 같아요. 그리고 그것을 그냥 받아들이기만 하면 미움이 용서가 되고 사랑이 집착에서 벗어나기도 해요. 감정은 생성하고 소멸하며 퇴화하고 움직이는 생명이기에 미워하다가도 후회하고, 싫어하다가도 사랑하나봅니다.

변하지 않을 것 같은 미움도 변하더라고요. 마음이 변해서가 아니라 감정이라는 손님은 수시로 들락날락하니까요. 그럴 때 손님이 마음속에 머물렀다 떠나가도록 지켜보기만 해도 미움과의 이별이 가능할 것 같아요.

잠깐, 아주 잠깐 눈을 감고 마음속 영의 흐름에 자신을 맡기면 달콤한 감정이 올라와요. 우리 마음의 바다는 바로 그분의 마음, 거기에서 흘러왔거든요.

사랑은 단순한 감정의 움직임이 아니며 감정에 양보만 하면
되는 것도 아니다. 사랑은 우리의 마음에 상처를 주고 마음
을 아프게도 한다.

걱정은
어디서　　오는
　　　　　　걱정일까요?

*

누구나 이런저런 걱정을 하며 살지요. 평탄치 않은 부부 관계,
자녀의 학습과 진로 문제, 경제적 빈곤, 인간관계에서 발생하
는 여러 갈등을 겪으면서 불안에 시달리기도 하고요. 저 역시
걱정을 많이 해요. 수도자가 무슨 걱정이냐 싶겠지만 때론 무
슨 걱정을 하는지도 모르면서 걱정하더라고요. 그래서 어느 날
머릿속에 있는 걱정거리를 적어보려고 했지요. 그런데 막상 적
으려니 민망한 걱정들만 떠올랐어요.

'프레젠테이션을 내일까지 마무리해야 하는데 어떡하지?'
'회의 전에 자료를 꼼꼼히 살펴야 하는데 시간이 없어.'

20

'그 사람을 만나면 어떤 말부터 하지?'

'전단지가 늦게 나오면 어떡해?'

'갱년기인가? 갑자기 덥네. 어떡해. 불면증도 온다던데.'

적고 나니 이런 저의 걱정들이 우스꽝스럽게 느껴졌어요. '뭐야, 그냥 시간 관리 하면서 차근차근 챙기면 되는 거잖아' '갱년기? 어쩌겠어. 피할 수 없으면 자신 있게 품어야지' 하면서 스스로를 토닥여보았지요.

걱정의 원인이 성취와 결과로 자신의 가치를 증명하려는 마음이라는 생각이 들었어요. '나는 이렇게 해야 한다'는 나만의 기대가 마음을 산란하고 불안하게 만드는 것 같았어요. 인정받고 싶은 거지요. 이런저런 사람들의 평가를 상상하다보니 예민해지게 되고 그래서 더 초조하고 불안하고 걱정하게 되나봅니다.

걱정의 원인이 조급증 때문은 아닌지 생각해봅니다. 순리대로 단계를 밟아 나아가기보다 서둘러 종점에 도달해 성과를 내고 싶은 욕심으로 더 불안하고 초조해져요. 느리면 왠지 부족한 듯하고, 빠른 사람이 더 괜찮은 사람이라는 생각도 들고요. 남들이 가진 것은 나도 반드시 가져야 하고, 남들이 아는 것은 나도 알아야 하며, 남들보다 뒤처지거나 트렌드에 뒤떨어져서는 안 된다는 조급함이 저를 두렵게 하기도 해요.

완벽하게 잘하고 싶을 때 여지없이 불안하고 걱정이 생겨요. 잘하려고 할수록 불확실성과 부족함에 대한 두려움이 커지기 때문이겠지요. 잘하려는 욕심이 지나치게 긴장하게 하고 그 긴장감으로 주변 사람들마저 불편하게 만들기도 하더라고요. '내가 하는 일이 더 근사하고 힘든 일인데, 왜 저 사람이 하는 일에 사람들이 더 관심을 갖지?' 하면서 질투심까지 올라와요. 게다가 그런 속내를 숨기려고 마음에도 없는 말을 하기도 해요. "아냐, 당신이 더 잘했어." 그러고는 돌아서서 씁쓸해하지요.

걱정은 실제로 그렇든 아니든 스스로 결핍이라고 느끼는 것에서도 오는 것 같아요. 저 사람에게는 있는데 나에게는 없는 것 같고, 나만 부족하고 힘든 것 같고, 그래서 무엇인가 안 될 것 같고 잃어버릴 것만 같은 거죠.

그뿐만 아니라 걱정은 풍요 속에서도 찾아오더라고요. 지금 행복해도 '이 행복이 지속될까?', 지금 건강해도 '나이들어도 건강할 수 있을까?', 경제적으로 풍족해도 '노후에도 괜찮을까?', 진급을 해도 '계속 잘나갈 수 있을까?' 하고 걱정합니다. 미래에 대한 불확실성이 자꾸 두렵게 하는 거지요.

걱정은 '있는 그대로의 것'에 마음을 두지 않을 때 생기나봐요. '있는 그대로의 나'가 아니라 '남들이 보는 나' 혹은 '남들과 비교한 나'에게 마음을 둘 때 걱정에서 오는 두려움도 커지는 것 같아요.

———◇◇◇———

그저 모든 것을 내려놓고 맡기자. 주님은 나보다 내가 원하는 것을 더 잘 알고 계시지 않는가?

두려움을
다루는
방법

✳

두려움의 특징은 피하면 피할수록 증폭된다는 거예요. 마음
속 두려움을 마주하지 않고 부인하고 회피하면 그 두려움은
무의식 속에 숨어 괴물처럼 자라게 되거든요. 어떻게 우리 안
의 두려움과 대면해야 할까요? '있는 그대로의 나'를 어떻게 만
날 수 있을까요?

저는 로버트 피셔Robert Fisher의 『마음의 녹슨 갑옷』이라는
책을 좋아해요. 이 책의 주인공인 기사는 자신의 존재 가치가
갑옷에 있다고 믿지요. 기사에게 갑옷은 바로 자신인 거예요.
그래서 절대로 갑옷을 벗을 수 없답니다. 그러다가 기사는 갑
옷 때문에 가장 소중한 것을 잃고 있음을 깨닫게 돼요. 그래서

갑옷을 벗기 위해 여행을 떠납니다.

저는 이 책을 읽으면서 저의 인생 여정과 갑옷 속에 갇힌 기사의 여정을 함께 따라가게 되었습니다. 이 여정에서 두려움을 다루는 법을 조금씩 알게 됐어요.

나의 갑옷 인정하기

1단계는 자기답게 살지 못하게 하는 '갑옷'의 실체를 바라보고 인정하는 거예요. 갑옷을 입고 용맹하게 전쟁터를 누빈 기사는 갑옷을 입지 않으면 한 발자국도 나아갈 수 없었어요. 그러니 갑옷에 대한 의존성은 점점 더 높아졌겠죠. 급기야는 잠을 잘 때도 밥을 먹을 때도 갑옷을 벗을 수가 없었어요. 그러다 어느 순간, 사랑하는 가족이 점점 멀어져가는 것을 느끼게 됩니다.

가끔 저는 저 자신에게 물어요. 아무것도 걸치지 않은, 수녀도 여성도 한국인도 아닌, 그냥 '나'에게 말이에요. 때로는 보이는 것들이 나답게 살아가는 데 방해가 돼요. 영혼의 투시경을 쓰고 겹겹이 걸치고 있는 갑옷의 실체를 마주해봅니다. 그저 하느님 앞에 홀로 마주볼 수 있는 나, 진짜 나의 실체를 볼 수 있을 때 비로소 나다운 삶의 지표가 보이지 않을까요?

진짜 '나'와 대화하기

2단계는 침묵 속에서 자신과 진실하게 대화를 나누는 거예요. 기사는 처음으로 고요함과 적막감에 휩싸이게 됩니다. 그러면서 마침내 인정하게 돼요. 자신이 혼자인 것을 무서워했고 타인의 말에 귀기울여본 적이 없었다는 것을요. 말을 함부로 뱉음으로 인생을 낭비했고 아내의 슬픈 목소리를 들으려 하지 않았다는 것도요.

기사의 마음속에 아픔과 고통이 밀려오고 드디어 눈물이 터져나옵니다. 그러면서 깊은 침묵의 내면으로 들어가자 평소에 한 번도 들은 적 없던 내면의 '나'의 소리가 들립니다. 그렇게 자신과의 대화가 시작된 거지요.

침묵은 우리가 스쳐 지나쳐버린 소리마저 그림처럼 천천히 재생시켜주나봅니다. 소음 속에 묻혀 소홀히 했던 소중한 가족과 이웃의 목소리를 말이에요.

욕망을 사랑이라고 착각한 현실과 마주하기

3단계는 자신의 욕망을 사랑이라 착각했던 어리석음을 깨닫는 겁니다. 우리는 누구나 상처와 결핍이 있어요. 그래서 어떤 대상에게 의존하고 집착하면서 나의 상처와 결핍을 보상받고 싶어하기도 해요. 그리고 그것을 사랑이라고 믿고 싶어하지요. 스스로 사랑을 만들지 못해 남의 사랑으로 그 자리를 메우고 싶은 걸까요? 그러다보면 지치고 고통스러운 순간이 와요. 내가 믿고 따라왔던 사랑이 실은 나의 필요와 욕망이었음을 깨닫게 되는 순간, 사랑받기만을 요구하며 살아온 자신의 어리석음을 응시할 수 있습니다. 바로 그때, 마음속 깊이 뜨거운 희망이 꿈틀거리고 있음을 알게 되지요.

두려움의 실체는 환상임을 알기

4단계는 두려움의 실체가 사실은 환상이라는 것을 아는 거예요. 기사는 불을 뿜어대는 용을 만납니다. 그리고 통탄하지요. 용이 무서워서가 아니라 자신이 적과 싸울 수 있는지조차 확신이 없어서요. 기사는 자신을 모르니까요.

'아, 인간은 알 수 없는 미래를 미리 걱정하고, 부딪혀보지도 않은 일을 두려워한다. 시작도 하기 전에, 싸워보기도 전에 먼저 판단하고 지레짐작으로 질 것 같다고 생각하는구나.'

그러면서 기사는 자신을 믿고 싸우기로 결심하지요.

'그래! 용은 만들어지지 않은 미래일 뿐이야. 환상이지. 피할 수 없으면 맞서야 해.'

기사는 결국 거대한 용을 물리치고 승리합니다.

내려놓기

마지막 5단계는 내가 집착했던 것, 소유했던 것, 아는 것을 모두 내려놓는 겁니다. 기사는 모든 문제와 불안이 자신이 만든 환상이라는 것을 깨닫고 무겁게 짊어지고, 집착하고, 두려워하고, 소유했던 것들을 진리의 꼭대기에 내려놓지요. 아는 것들에 집착하면 할수록 다른 지혜를 구할 수 없다는 것을 알게 된 거예요. 아는 것에 집착해 모르는 것을 알 기회조차 얻을 수 없었음을 인정하게 된 것이죠. 그런데 꼭대기에서 내려가기 위해서는 떨어져야 해요. 또다시 두려움과 맞서야 하는 일이지요.

마침내 기사는 움켜쥔 손을 놓고 허공에 몸을 맡깁니다. 그런데 이상하게도 점점 더 아래로 떨어질수록 하늘과 땅을 연결하는 매개가 된 느낌을 받아요. 그때, 기사는 더이상 떨어지지 않고 산 위에 우뚝 서 있는 자신을 발견합니다. 그 순간 기사는 아무것도 소유하지 않은 우주가 돼요. 자연이 된 것이지요. '있는 그대로의 나'가 된 겁니다. 기사는 "사랑이었고 행복이었다"로 이야기가 끝납니다.

기사의 여행길이 우리가 가야 할 인생 여정과 비슷하지 않나요? 내가 알고 있다고 믿고 있는 것, 집착하고 있는 것, 움켜

쥐고 있는 것을 내려놓을 때, 그때 비로소 진짜 내가 되는 거지요.

———◇◇◇———

불안은 유혹이 아니다. 그러나 유혹이 생기게 하는 원인이 된다.

걱정도
죄일까요?

혹시 걱정하는 것도 죄라는 생각을 해보신 적 있나요? 많은 분들이 이런 말을 하면 많이 놀라시더라고요. 걱정 자체는 죄가 아니라도 자칫 죄로 기울어질 수도 있어요.

걱정이 생기면 기다리지 못하고 초조해집니다. 초조함은 과대한 망상으로 발전하여 스스로를 괴롭히기도 하고요. 급기야 이런 불안감은 우리의 생각을 마비시키고, 진짜 걱정할 일인지 아닌지 분별하지 못하게 해요. 정작 걱정한다고 해결되는 것도, 변화되는 것도 없는데도요. 오히려 걱정을 많이 하면 일에 집중하기 힘들고, 가슴은 답답하고, 심지어 몸에 통증이 오면서 우울증과 불안장애까지 겪게 되기도 해요.

결국 걱정은 걱정을 부르고 우리를 지배하여, 생각과 마음의 주도권을 잃게 해요. 사소한 것 같지만 걱정의 파괴력은 실로 엄청나요. 그래서 프란치스코 살레시오는 걱정과 근심 그리고 초조함은 죄와는 다르지만 절망의 나락에 빠지게 하는 극심한 악이 된다고 해요. 또한 선동이나 내분이 나라를 망치고 외세의 침략에 저항할 수 있는 힘을 앗아가듯 걱정이나 불안감 역시 마음을 선동하여 분열을 일으키고 어려움을 극복할 수 있는 저항력을 떨어트려 쉽게 유혹에 빠질 수 있다고 말하지요.

확실히 습관적으로 하는 걱정은 내면의 힘을 약화시킬 것 같아요. 걱정은 일종의 불확실성에 대한 두려움이잖아요. 어두운 밤에 홀로 걷다보면 무엇이 언제 어디서 튀어나올지 몰라 불안하죠. 이는 생존에 대한 보호본능이기에 모든 걱정이 나쁜 것은 아니에요. 적당한 걱정과 불안은 오히려 우리를 보호해주는 알림 신호잖아요. 이런 걱정은 우리가 한번 더 멈춰 생각하게 해주고 안전하도록 돕기도 해요.

물론 걱정으로 해결할 수 있는 일이 그리 많아 보이지는 않아요. 걱정으로 어둠이 밝아지거나 불확실성이 명료해지면 얼마나 좋을까요? 오히려 걱정은 자신과 이웃, 그리고 주변의 상황에 대한 희망을 거둬들이는 것 같아요. 온전히 내어 맡기고 희망하는 믿음과는 거리가 멀지요. 마음에 위로를 주는 믿음으로 걱정을 덜어내는 길을 찾았으면 좋겠습니다.

———◇◇◇———

육신을 중독시키는 것은 입으로 들어가고 마음을 해롭게 하는 것은 귀로 들어간다.

일상을 돌보는 마음영성 1

걱정을 기도로 바꾸기

제 모습을 가만히 보면 걱정이 떠오르는 대로 그냥 내버려두는 것 같아요. 습관이 된 것일까요? 온갖 걱정들이 제 마음을 지배하도록 내버려두는 무관심이 문제 아닐까 싶어요. 걱정거리가 자동으로 처리되지 않도록 마음영성으로 깨우는 연습을 해야겠어요.

○ 기도하는 자세에서 숨을 들이쉬고 내쉽니다.

○ 떠오르는 걱정을 억제하지 말고 그대로 의식하면서 바라봅니다.

○ 걱정은 당신의 관심으로 점차 힘을 잃어갈 겁니다.

○ 그때 걱정을 비우는 기도를 합니다.

○ 걱정거리를 무작정 없애달라는 기도는 아니에요. 사랑하는 사람을 만나 허심탄회하게 걱정거리를 털어놓듯 그렇게 주님께 지금 걱정하고 있는 것들을 이야기합니다.

○ 그리고 어떻게 할지 가르쳐달라고 청합니다.

오늘의 기도

주님, 노를 저어 바다를 건너가는 사람은

물 위의 파도를 보기보다 하늘을 쳐다본다고 합니다.

그러니 오늘 제 앞에 있는 걱정거리를 보기보다

내일의 희망을 바라보게 하소서.

눈에 보이는 먹구름보다

그 속에 머물고 있는 빛나는 태양을 잊지 않도록.

그리하여 오늘도 지켜주시는 하느님께서

내일도 돌봐주심을 믿고 바라게 해주소서!

당신은
무엇으로
충전하나요?

✴

우리는 정신적으로나 육체적으로 피곤할 때 무엇으로 충전할까요? 무엇에서 재미를 찾고 무엇에 열광하며 무엇으로 행복을 느끼는지요?

몸의 욕구는 자연스러운 것이라 생각하지만 사실 몸의 감각도 반복학습의 결과예요. 몸은 단순히 '배고프다' '목마르다' 하는데 학습에 의한 감각은 '이러이러한 것을 먹고 싶다' '이러이러한 것을 마시고 싶다'고 해요. 몸은 그저 '피곤하다' 하는데 학습된 감각은 '오늘은 일하지 말고 누워서 드라마나 보자'고 해요. 클럽에서 춤을 추고, 노래방에서 노래하고, 술집에서 술을 마시고, 끌리는 이성과 외도를 하는 등 욕구에 복종하는 행위는 그 순간은 즐거울지 몰라도 분명 긴 호흡을 이어가는 깊고 고요한 행복의 감정과는 차이가 있을 것 같아요.

우리의 몸은 본능적으로 편안하고 즐거운 걸 찾고 싶어해요. 불편하고 고통스러운 것은 회피하려 하고요. 그래서 우리는 무의식적으로 쉽고 익숙한 것을 끊임없이 욕망하나봅니다. 그런데 그렇게 반복적으로 길든 쾌락의 감정은 중독성이 있어서 멈추기가 쉽지 않아요. 즉각적으로 반응하고 또 반응하는 수동적 쾌락은 우리를 더 빠르고 자극적인 감각에 익숙하게 만들어 느린 것에 몰입하거나 인내하기 어렵게 해요.

생활에 활력을 주는 재미를 외면하자는 말은 아니에요. 다만 우리가 빠르게 흘러가는 이 시대에서 즉각적으로 반응하는 수동적 쾌락에 길들고 있는 것은 아닌가 하는 생각이 들어요.

버트런드 러셀Bertrand Russell은 "우리가 쉽게 접할 수 있는 쾌락의 대부분은 신경을 혹사하는 것"이라고 말해요. 현대인들은 햇볕 아래서 산책하거나 숲속을 거닐면서 휴식을 취하기보다, 인터넷이나 게임, 텔레비전에 몰입하면서 여가를 보내지요. 그러다보니 우리의 신경은 혹사당하고 경직되기도 해요. 감각적으로는 짜릿하고 흥분할지 몰라도 우리의 뇌와 마음에는 이러한 쉼이 오히려 노동이 되어버린 셈이지요.

즉석식품은 요리하는 수고로움 없이 손쉽게 입을 즐겁게 하지만 건강에는 도움이 되지 않듯, 말초적이고 감각적인 쾌락은 순간은 즐거워도 신경과 정신이 고통받지요. 냄비처럼 끓어오르는 쾌감에 한바탕 신나게 웃고 즐기고 나면 금방 우울해지고 씁쓸해지더라고요. 우리의 무의식은 살려달라고 신호를 보내지만, 우리는 쾌락의 쳇바퀴에서 벗어나지 못하고 그것이 일상이 되어버리는 것 같아요.

가끔 저에게 이렇게 물어요. '나는 자발적으로 찾고 성취하여 얻는 만족감을 추구하는가? 아니면 수동적으로 반응하며 쉽게 얻는 감각적 재미를 추구하는가?' 고통과 역경 속에서도 내적 자유와 기쁨을 느껴본 적이 언제인지를요.

——◇◇◇——

밤늦게까지 춤이나 유희를 즐기다가 아침을 잃어버린다. 낮을 밤으로 빛을 어둠으로 바꾸어서 선량함이 쾌락으로 대체되는 일은 슬기롭지 못한 선택이다.

마음시계
　　　바라보기

✳

누군가에게 부탁을 받으면 우리는 주로 어떻게 대답할까요?

"어쩌지요. 제가 바쁘거든요."

"바쁘긴 한데 시간을 내볼게요."

"물론이죠. 시간 있습니다."

언제부턴가 습관적으로 바쁘다고 말하는 제 모습을 발견했
어요. 그런데 시간이 없다기보다 마음이 분주한 것이 아닌지 생
각해봤지요. 가만히 보니 거의 1년의 스케줄을 제 마음속에 가
득 저장해놓고 불안해하고 있었어요. 그러니 당연히 마음에 여

백이 없고 진짜 시간과는 무관하게 그냥 바쁜 거지요. 바빠야 할 것 같은 강박도 있었던 것 같아요. 한가하면 왠지 능력 없는 사람처럼 느껴졌거든요. 그래서 제 입에선 버릇처럼 바쁘다는 말이 나오게 된 것 같아요.

그러던 어느 날 다르게 대답해보려고 결심했어요. 내심 해야 할 일이 생각나긴 했지만 "바쁘긴요, 시간 있어요!"라며 여유를 부려봤어요. 그런데 신기하게도 정말 그런 것 같은 마음의 여유가 생기더라고요. 때로는 제 강의를 들었거나 책을 읽은 분들의 연락을 받을 때가 있어요. 그분들은 대부분 미안한 목소리로 "시간 괜찮으세요?"라고 조심스럽게 물으시죠. 낯선 사람과 전화로 상담하는 일이 부담으로 다가오긴 해요. 하지만 평소보다 더 명쾌하게 "그럼요! 말씀하세요!"라고 대답해봤어요. 그러자 기분이 좋아지고 그들의 아픈 마음에도 공감해줄 수 있었어요. 그때 저는 '아, 시간은 마음에 있는 거구나'라는 깨달음을 얻었답니다.

시간은 달력 속에 있는 것도, 시계 속에 있는 것도 아니었어요. 시간은 '마음속'에 있는 것이었어요. 저 자신에게 가끔 물어봐요. 정말 시간이 없는지, 혹시 하고 싶은 일을 다 하고 나서 해야 하는 일을 하려니 시간이 부족한 것은 아닌지를요.

어떤 분들은 힘들고 고달픈 현실을 잊기 위해 드라마 시청이나 인터넷 서핑으로 시간을 많이 허비한다는 말을 해요. 할 일이 많은데도 스마트폰을 만지작거리고 텔레비전 채널을 돌리며 시간을 보낸다는 거예요. 그러다가 누군가 "시간 있어요?" 하고 물으면 소비한 시간은 많은데 해야 할 일은 그대로 있으니 당연히 시간이 없다고 하겠지요. 관대하지 않아서도, 능력이 없어서도 아니라 진짜 시간이 없는 거예요.

남에게 내어줄 시간도 나를 의미 있게 돌볼 시간도 점점 줄어들고 있다는 생각이 들어요. 하지만 마음속에 있는 시간은 주면 줄수록 더 많이 비축되는 것 같아요. 『행복한 사람은 시계를 보지 않는다』라는 소설 제목이 생각나네요. 행복한 사람은 시계를 보기보다 내어줘도 줄지 않는 마음시계를 바라보나 봅니다.

———◇◇◇———

몸과 마음의 휴식을 위한 오락은 좋지만, 반복되는 집착은 위험하다. 영혼은 지치고 정신력과 신심은 약해지기 때문이다.

당신의
마음속 시계는 몇시
인가요?

사막에 사는 한 원주민이 문명인들의 가장 서글픈 현실은 '시간이 없다'는 것이라며 안타까워하는 글을 읽은 적이 있어요. 그들에게 시간은 거저 받은 것이기에 거저 베풀어야 하는 것이에요. 반면 우리에게 시간은 생산하고 소비하는 물질이자 상호 경쟁 속에서 개인의 능력으로 환원돼요. 그래서 정신없이 바쁘게 사는 사람을 능력 있다고 생각하는 것은 아닌지 모르겠어요. 시간이 '돈'이 되어버린 것 같아요. 그러니 어찌 시간을 그냥 내어줄 수 있을까요?

저도 한때 어떤 일을 잘하고 싶어서 정신없이 일하며 바쁘게 산 적이 있습니다. 그러다가 한 수녀에게 "어떻게 그렇게 무심할 수가 있어요?"라는 핀잔을 듣고 매우 당황했지요. 해야할 일들이 머릿속에 꽉 차 있으니 남의 생각과 느낌에 무디게 되어 다른 사람이 보이질 않았던 것 같아요. 그러니 일의 결과는 좋아도 사람과의 관계는 불편했지요. 내 마음이든 이웃의 마음이든 '마음'을 헤아릴 여유가 없었으니까요.

파스칼Blaise Pascal은 "인간의 모든 불행은 단 한 가지, 고요한 방에 들어앉아 휴식할 줄 모르는 데서 비롯한다"라고 합니다. 너무 바빠 마음의 여유가 없을 때, 한 번쯤 고요한 방에 들어가 앉아 휴식을 취하며 생각해봐야겠어요.

- 어떤 일을 할 때 쉽게 지치거나 피로해지는가?
- 스마트폰이나 텔레비전으로 스트레스를 풀려고 하는가?
- 가까운 사람과 논쟁을 자주 벌이는가?
- 집중력이 떨어지고 미흡한 결과에 조바심을 내고 있는가?
- 잠을 제대로 못 자고 좀처럼 기쁨을 누리지 못하는가?
- 기억력이 흐려지고 건망증으로 실수가 점점 늘고 있는가?
- 누군가와 대화할 때 자꾸 딴생각을 하여 엉뚱한 반응을 보이는가?
- 기도중에도 회사일이나 다른 해야 할 일을 생각하게 되는가?

- 짜증이나 화를 자주 내는가?
- 높은 데서 떨어지거나 무엇인가에 쫓기는 악몽을 자주 꾸는가?

위 질문에 반 이상이 "그렇다"이면 우리의 영혼에 빨간불이 켜진 것일지도 몰라요. 가끔 멈춰 자신에게 물어보았으면 해요. 내가 진정으로 원하는 삶에 에너지를 쏟고 있는지를요. 어쩌면 삶의 질에 아무런 상관이 없는, 아니 오히려 독이 될 수도 있는 일에 힘을 쏟아붓고 있는 건 아닐까요?

벌들 중에는 부산스럽게 이리저리 날아다니지만 밀랍만 만들 뿐 꿀은 만들어내지 못하는 벌들이 있다. 마찬가지로 우리도 분주하게 열심히 움직이지만 원하는 만큼 제대로 해내지 못하는 경우가 많다.

시간이 아닌   마음을 관리하기

✴

가만히 저를 돌아보면 쉬면서도 일하고 일하면서도 딴생각을 해요. 사랑하는 사람을 앞에 두고 다른 사람과 통화하고, 책을 읽다가도 인터넷 서핑을 해요. 회의하면서 놀러갈 생각을 하고, 놀러가서는 해야 할 일을 생각하고요. 그러니 쉬면서도 피곤하고 일하면서도 진전이 없습니다.

오래전 미국 유학 시절에 '에너지 관리사'들의 활동에 대한 글을 읽은 적이 있어요. 그들은 시간을 관리하는 것이 아니라 에너지를 관리한다고 해요. 마음이 산란하고, 우울과 짜증이 날로 늘며, 업무에 대한 집중력이 떨어지고 의욕이 저하되어 현실이 감당하기 힘들다고 느껴진다면 그것은 당신의 에너지가 고갈되었다는 사인이래요. 스트레스로 마음의 에너지가 바닥이 났다는 거예요. 이럴 때는 시간을 효율적으로 관리하려 애쓰기보다 고갈된 나의 에너지를 관리하는 것이 더 중요하겠지요. 에너지 관리사들은 우리 자신의 에너지가 안녕한지 몇 가지 질문을 해보라고 합니다.

- 나는 삶에서 얼마나 자주 기쁨을 느끼는가?
- 나는 일주일에 얼마나 에너지를 충전하고 있는가?
- 내가 하고 있는 활동이 긍정적인 감정을 불러오는가?

어떠세요? 당신의 에너지는 어느 정도 차 있나요? 이미 주어진 하루 24시간을 관리하려 동동거리기보다 에너지 관리에 관심을 기울여요.

우선 영적인 에너지가 있어요. 저는 매일 아침 눈을 뜨자마자 감사 기도를 해요. 마음에서 감사가 우러나오지 않더라도 "감사합니다, 주님!"이라고 외치면서 잠자리에서 일어나면 기분이 좋아지더라고요.

신체적인 에너지도 있어요. 몸은 움직여줄수록 활력이 생겨요. 저는 시간 내서 운동하기 어려울 때 아침에 일어나 잠깐 스트레칭을 해줘요. 일보고 돌아올 때 일부러 한 정거장을 걷거나 이 골목 저 골목 돌다가 들어가기도 하고요. 엘리베이터를 타기보다는 계단을 이용하려고 해요.

정신적인 에너지도 중요하지요. 스스로에게 긍정의 마법을 걸고 혼잣말로 중얼거립니다. 일이 잘 안 풀릴 때 "난 할 수 있어" "잘 안 돼도 괜찮아" 하면서 저를 토닥여줍니다. 큰 소리로 웃는 연습도 좋아요. 대화중에도 그냥 웃으세요. 입꼬리를 살짝 올리고 눈을 초승달처럼 만들어서 지그시 미소를 지어보세요. 정말로 기분이 좋아져요.

영적, 신체적 그리고 정신적 에너지를 한꺼번에 모으는 방법도 있어요. 나 홀로 그냥 발길 닿는 대로, 자연이 부르는 대로 한가롭게 걷는 거예요. 내면의 침묵 속에 홀로 고요히 머무르면서 걸으면 기운이 올라오고 기분도 상쾌해져요. 이러한 멈춤은 에너지를 재충전하는 좋은 방법이지요.

——◇◇◇——

사랑은 주어도 잃는 것이 없다. 우리가 하느님의 것을 아무리 많이 가져온다 해도 하느님은 결코 작아지지 않는다.

천천히,
천천히,   거닐기

✳

언젠가 서울 도심 거리에서 사색에 잠겨 천천히 걷고 있었어요. 그때 지인이 다가와 "수녀님, 뭐 불편한 일 있으세요?"라고 물었어요. 그 질문이 참 이상했지요. 주변을 둘러보니 모두들 서둘러 걷고 있었어요. 누군가는 노동하듯 힘들게 걷고, 또 누군가는 전투적인 자세로 운동하며 걷고, 또다른 누군가는 삼삼 오오 무리를 지어 왁자지껄 떠들면서 걷기도 하고요. 모두들 걷는 이유가 있었어요. 그 속에서 저 홀로 느긋느긋 천천히 걷고 있으니 어딘가 아프거나 힘든 일이 있어 보였나봐요.

걷는 이유 없이 존재하듯이 걷는 걷기를 해보셨나요? 한

가롭게 천천히 명상하며 걷는 거예요. 틱낫한 스님은 "명상은 삶의 매 순간을 깊이 사는 것"이라고 하셨는데요, 바로 지금 여기에 나와 함께 계신 주님을 온전히 느끼는 그 순간인 것 같아요. 그러기 위해선 잠시 시계를 멈춰야겠지요. 오늘날 우리의 현실은 정신없이 변화해서 그 속도감이 어지러울 지경입니다. 다이어트를 위해선 땀 흘리며 열심히 걷지만, 한가롭게 걸을 시간은 없다고들 합니다. 하지만 한가로이 걷다보면 정말 한가로워진답니다.

똑같은 걷기라고 해도 목적이 무엇이냐에 따라 우리의 마음가짐이 달라지고 몸이 다르게 반응합니다. 목적에 따라 발로 느끼는 우리의 감각이 달리 해석되기 때문이지요. 그런데 오늘날은 자동차 바퀴가 우리의 발이 되었지요. 그래서 느린 것을 못 견뎌 해요. 게다가 아스팔트 위에서 자라고 살아가니 흙을 밟을 일이 거의 없어요. 신발을 벗고 걸어본 적이 없으니 모래와 진흙탕, 젖은 땅과 마른땅, 풀밭과 가시밭의 차이를 모르지요. 우리가 매일 딛고 살아가는 땅에 대한 감각이 거의 없다시피 무딘 겁니다.

아이들과 탐방을 다니다보면 어떤 코스는 걸어서 들어가야 해요. 그럴 때마다 아이들은 그냥 차 안에서 보고 가자며 아우성을 쳐요. 그런데 가만히 보니 주도적으로 잘 걷는 아이들은 책임감 있고 능동적인 면이 많다는 사실을 발견했어요. 반면에 걷기 힘들다며 이런저런 이유로 빠지려고 하는 아이들은 삶의 자세가 수동적인 것 같았지요.

감각은 세상을 만나게 해주는 통로입니다. 사고와 지각의 힘은 감각에서 오기도 해요. 그래서 걷기는 세상을 온전히 열어주는 감각을 깨워줍니다. 자동차로 급히 지나가면서 바라보는 세상은 그저 한 덩어리의 사물일 뿐이잖아요. 그러나 여유 있게 걸으면서 만나는 세상은 하느님의 아름답고 감동적인 창조를 체험하게 해줘요.

천천히 걷다보면 평소 보지 못했던 미세한 것들이 보이고, 듣지 못했던 깊은 곳의 소리가 들립니다. 그렇게 걷기는 우리의 근원을 만나게 해줍니다.

——◇◇◇——

서둘러 급하게 하면 절대로 제대로 되는 일이 없다. 솔로몬도 '발걸음을 서두르는 자는 길을 그르친다'(잠언 19:2)라고 하지 않았는가.

분주할 때
　　마음의 평화
　　유지하기

✳

며칠 동안 출장을 다녀와서인지 몸은 고단하고 밀린 일로 마음은 조급해요. 그러던 차에 누군가 찾아오면 편치 않지요. 게다가 이렇다 할 이유도 없이 이런저런 말을 마구 늘어놓으면 짜증이 올라오기도 하고요. 물론 이런 마음을 들키지 않으려고 표정 관리를 하다보니 그 또한 피곤해요. 그래서 대충 들어주고 서둘러 돌려보낸 뒤 다시 집중해서 무언가 하려는데 창문 밖에서 커다란 목소리가 호들갑스럽게 들려옵니다.

"밖에서 주차 문제로 난리예요. 빨리 좀 어떻게 해줘요."

그때는 저도 모르게 마음의 온도가 올라가면서 몸이 후끈 달아오르더라고요. 순간 뛰쳐나가 '아니, 이런 것도 해결 못하고……' 하는 뜨거운 말 한마디가 목구멍까지 올라오는 것을 꾹 삼켜봅니다. 하지만 굳어지는 얼굴은 숨길 수 없더라고요. 이럴 때는 그저 말을 자제하는 것이 상책입니다. 바쁠수록 이성이 작동하지 않거든요. 마음은 더 조급해지고 쉽게 흥분하여 인내하기 어렵지요. 자칫 극단적인 판단을 하거나 후회할 말을 내뱉기도 해요. 그러면 영락없이 상황은 더 꼬이고 그것까지 해결하느라 더 많은 에너지가 소모됩니다.

마음수련이 잘 되었는지는 바쁠 때 보면 알 수 있어요. 여기저기서 치고 들어오는 외부 상황에 대처하는 자신의 태도가 어떠한지를 유심히 바라볼 여유만 있어도 좋겠지요. 그럴 때 다가오는 사람에게 온유한 태도를 보이려고 노력하는지, 흥분된 마음을 의식하고 조절하고 있는지, 극단적 판단을 자제하고 홧김에 내뱉으려는 말을 삼키고 있는지를 살핍니다. 이 정도의 노력만 보여도 자신에게 후하게 칭찬해줘도 좋을 것 같아요.

더 나아가 어떠한 상황이 와도 고요한 호흡을 유지하고 평화를 간직할 수만 있다면 성인의 길에 들어섰음을 자부해도 좋지 않을까요? 문제는 우리네 일상이란 것이 그렇게 만만치 않다는 것이지요. 시시각각 예상치 못한 크고 작은 사건들의 연속이 우리의 일상이니까요. 그래서 프란치스코 살레시오는 기도할 때 뜨겁고 간절하게 이런 결심을 했다고 해요.

———◇◇◇———

그 어떤 사람이라도 난 결코 피하지 않을 것이다. 그가 오만하든 냉정하든 사납고 교묘하든 조금도 그들을 비웃거나 빈정대지 않을 것이며 언제 어디서 누구를 만나도 그들을 존중하며 잘 듣고 적게 말할 것이다.

사람을 존중하고 존중받는다고 느끼도록 해주는 일이 쉽지 않지요. 그래서 살레시오는 매일 이렇게 결심하면서 기도했나 봐요. 좋은 인간관계는 마음의 평화를 가져다주는 열쇠이며 행복이잖아요. 그렇기에 사람을 만나는 일은 기도하는 행위라는 생각도 들어요. 살레시오처럼 그 누구라도 존중하며 다가가겠다는 단호한 결심과 그렇게 되기를 바라는 기도를 간절한 마음으로 매일 매 순간 해보려고요. 그러다보면 분주함 속에서도 평화를 간직한 저를 만날 수 있지 않을까 기대해봅니다.

———◇◇◇———

잠깐이라도 거룩함에 주의를 기울이면 감미로운 감정이 마음속에 찾아온다.

일상을 돌보는 마음영성 2

바쁠 때 이렇게 기도해요

• 하느님의 현존에 깨어 있어요

지금 이 순간 하느님이 나와 함께 계신다는 사실에 깨어 있기
만 한다면 그 순간이 바로 생생하게 살아 있는 기도가 됩니다.

• 하는 일에 올바른 지향을 둬요

내가 하는 일에 올바른 의미를 부여하면 일하는 그 순간이
바로 기도입니다.

• 화살기도를 바쳐요

화살처럼 날아가는 짧은 한마디 기도를 수시로 해보세요.
'주님, 힘을 주세요!' '욕심에 빠지지 않게 하소서!' '도와주세
요!' 짧지만 강력하답니다.

• 주변 환경이 기도가 되게 해요

컴퓨터 바탕화면에 나를 깨어 있게 해주는 글귀를 띄워놓거
나, 책상이나 냉장고, 화장대에 성경 말씀이나 좋은 글귀를
붙여놓고 틈틈이 읽어보세요.

오늘의 기도

주님, 제 안에는 두 개의 마음이 있습니다.

하나는 부드럽고 친절하며 호의적이고

또하나는 딱딱하고 엄하며 혹독해요.

작은 결점을 가진 이웃을 비난하면서

더 많은 과오를 범한 저에게는 변명하려 하지요.

이웃에게는 싸게 팔고 비싸게 사라며 '자비'를 베풀라 하고

저는 비싸게 팔고 싸게 사면서 '정의'라 합니다.

제가 내뱉는 말들은 좋게 해석해주기를 바라면서

남의 작은 비난의 말에는 예민하게 대응해요.

저의 권리를 빠짐없이 주장하고 챙기지만

이웃의 권리는 무시하려 해요.

다른 사람이 저를 겸손하게 대해주면 좋아하면서

저는 퉁명하고 불손하게 행동합니다.

주님, 제 안의 두 마음에 당신을 모시게 하소서.

그리하여 온유하고 겸손한 예수님의 마음으로

두 마음이 서로 바라보게 하소서!

거울을
보며   생각해요

수녀원에 입회한 지 얼마 되지 않은 추운 겨울날, 동료 자매들과 마당의 눈을 쓸고 있었어요. 한 자매가 코가 시리다며 코를 감싸자, 다른 자매가 아주 행복한 표정을 지으며 이렇게 말하는 거예요.

"나에게 낮은 코를 주신 하느님께 무척 감사해요. 저는 코가 별로 시리지 않거든요."

그 말에 모두가 폭소를 터뜨렸던 기억이 납니다. 사실 그렇게 말한 자매의 얼굴은 세상의 눈으로 보았을 땐 볼품없는 외모라고도 할 수 있어요. 그러나 그녀는 언제나 활짝 웃으며 하느님이 주신 자신의 외모에 감사하곤 했지요. 결코 가식도 위

선도 아니었어요.

그녀는 어렸을 때부터 부모님이 언제나 예쁘다고 칭찬을 해주셔서 자신이 못생겼다는 생각을 해본 적이 없다고 해요. 철이 들고 나서야 자신의 외모가 예쁘지 않다는 것을 인식했지만, 그렇다고 기죽을 필요가 없다는 거예요. 그녀는 하느님이 주신 자연 그대로의 자신의 모습을 진심으로 자랑스럽게 생각하는 것 같았지요. 지금은 흰머리가 생기고 주름도 늘어가고 있지만, 그 자매는 여전히 있는 그대로의 자신의 모습을 사랑하며 자신감 있고 당당합니다. 외모가 아닌 내면의 가치로 관계 맺고 사랑받고 있는 덕분이겠지요.

오래전 수녀원에는 거울이 없었다고 해요. 물론 지금은 공적인 장소에 거울이 걸려 있거나 개인적인 용도의 손거울 정도는 있어요. 하지만 수녀원에서는 거울을 잘 보지 않게 돼요. 새벽에 일어나 기도하러 가기 전에 베일을 제대로 썼는지 확인하는 정도이지요.

그런데 언제였던가요. 거울 속의 저를 보고 깜짝 놀란 적이 있답니다. 웬 중년 여성이 떡하니 저를 바라보고 있는 것이었어요. 순간 '언젠가 내 얼굴에도 주름이 조글조글하겠지' 싶은 생각에 우울해지더군요. 그리고 그런 생각을 하는 제가 슬퍼졌어요. 노화는 너무도 자연스러운 현상이고 인간으로 태어났으면 누구나 다 거치는 과정인데 말이에요. 노인이 되어 주름을 없애고 이십대의 얼굴로 돌아가는 것 또한 상상만 해도 끔찍한 일이지요.

'수도자이기 전에 한 여성으로서 나는 나의 외모에서 자유로운 걸까?' '중년 깊숙이 넘어서고 있는 내 자신에게 만족하고 있는 걸까?' '30여 년간 수도생활을 하면서 없어지고 말 육체와 물질로부터 과연 해방되어가고 있는 것일까?' 보이는 것을 좇는 온갖 욕망을 벗어버리고 보이지 않는 영원한 내면의 세상을 갈망하며 걸어왔던 그동안의 제 역사의 뒤안길이 거울 속에 갇혀 있는 듯 답답해졌습니다. 진정 내가 찾는 '나'와 지금 거울 앞에 있는 '나'는 도대체 누구인지 가만히 머물러봅니다.

먼저 당신 영혼의 소중함에 머무르라. 우리 마음은 하느님의 품속에 있어야 비로소 안정감과 만족감을 누릴 수 있다.

무엇을
보느냐가　　곧
　　　　　나의 인격

✳

나이든 왕비가 어린 백설공주의 아름다움을 질투하는 것은
젊음과 아름다움을 향한 여성들의 당연한 욕망이자 권리인
걸까요? 아름다움에 대한 추구는 충족될 수 없는 무한의 욕
망이라고 하지요. 그러니까 우리가 추구하는 '아름다움'이란
영원히 도달할 수 없는 미완의 어떤 것이겠지요.

　수녀가 되기 전, 저도 꽤나 멋을 부린 시절이 있었어요. 언니
들이 많다보니 외모를 가꾸는 행위를 자연스럽게 따라 하게
된 것 같아요. 그래서 제가 수녀원에 입회하던 날, 이전부터 저
를 알고 계시던 수녀님이 반가워하시며 '멋쟁이'가 들어왔다고

놀리시기도 했지요. 그런데 제가 수녀원에 들어가야겠다는 결심을 한 순간 가장 먼저 달라진 것이 있었으니, 바로 '외모 가꾸기'였어요. 옷이 검소해졌고 화장도 하지 않았습니다. 그렇게나 의식하던 사람들의 시선이 전혀 중요하게 생각되지 않았어요. 거울 앞에 앉아 열심히 화장하고 몇 번이고 옷을 갈아입으며 보내던 시간이 줄어들면서 새벽 미사에 가거나 책을 읽고 성찰하는 시간이 늘었지요.

외모에 대한 관심을 내려놓자 제 내면에서 신기한 일이 벌어졌답니다. 표현할 수 없는 평화로움과 행복감에 젖기 시작한 거예요. 예쁘게 치장하여 사람들의 시선을 끌며 즐거워했던 감정과는 비교도 할 수 없는 평화와 행복 그 자체였어요. 마치 무대 위 현란한 조명 아래에서 누리던 자극적인 쾌락에서 벗어나, 밝게 빛나는 태양 아래에서 신선한 공기를 마시며 자연을 품는 듯한 고요하고도 평화로운 감정이라고 할까요? 봐주는 관객이 없어도 외롭지 않았고, 그 자체로 행복한 그런 충만함을 누렸던 기억이 있어요.

잘생김과 못생김의 기준은 무엇인가요? 그것은 우리가 무엇을 어떻게 바라보느냐에 따라 규정되는 것 같아요. 우리는 늘 무언가를 바라보며 살고, 바라보면서 아름다움과 추함을 식별하지요. 그렇기에 '바라본다'는 것은 곧 자신의 정체성을 드러내요. 내가 세상을, 사람들을, 그리고 나 자신을 어떻게 바라보는지, 그 척도가 바로 나의 정체성이자 인격이에요.

보이는 것만 보면 보이는 것만 체험하게 되고, 외모에 갇히는 순간 영혼으로 이어지는 고귀한 내면의 흐름은 차단되지요. 보이는 것에 집착하는 순간 상대방뿐만 아니라 나 자신도 비교 대상과 같은 상품이 되어버리기도 하더라고요. 결국 무엇을 볼 수 있느냐가 나의 인격이라는 생각을 해봅니다.

—◇—

아름다움은 그 아름다움에 집착하지 않을 때 더욱 빛난다.

마음은
마음에게　이야기해요

✳

오래전, 미국에 처음 도착해서 세 번 놀란 기억이 있습니다. 첫 번째는 맨해튼의 이스트강 근처에서 수많은 사람들의 도보 행렬을 보고, 두번째는 너무 많은 사람이 비만이나 당뇨병 같은 만성질환에 시달리고 있다는 사실을 알고 놀랐어요. 마지막으로 가장 놀란 건 그들은 자신의 몸매를 결코 부끄럽게 생각하지 않는다는 것이었어요.

유학생활을 하면서 체중이 10킬로그램 정도 늘었던 적이 있어요. 그런데 정작 저는 체중이 늘고 있다는 걸 의식하지 못했어요. 어릴 때부터 마른 편이어서 살찐다는 것이 무엇인지 모른데다, 수도복이 헐렁하니 낀다는 느낌도 없었고, 무엇보다 누구도 저에게 살이 쪘다는 말을 하지 않았지요. 그런데 인천공항에 첫발을 디딘 순간, 한 동료 수녀의 반응에 제가 살이 쪘다는 사실을 처음으로 자각하게 됐어요. 그 수녀는 저를 본 순간 눈이 휘둥그레지더니 벌어진 입을 다물지 못했어요.

그때부터 곤혹스러운 일이 계속 발생했지요. 오랜만에 만난 사람에게 반갑게 달려가 인사하면 다들 첫인사가 "와, 보기 좋아졌네요!" "미국이 살기 좋은가봐요!" 이런 반응들인 거예요. 살이 쪘다는 말을 예의상 둘러대는 것이라는 걸 몇 번 경험하고 나니 그뒤로는 누구를 만나도 달라진 제 모습에 놀랄까봐 제가 먼저 고개를 돌리게 됐어요.

여러 의문이 들었어요. 수도자인 저에게도 사람들의 반응이 이 정도라면, 일반 여성들에게는 과연 어떠할까? 왜 우리는 이토록 다른 사람의 몸에 예민하게 반응하는 것일까? 그렇다면 보이지 않는 마음에는 어느 정도 관심을 가지고 있는 걸까? 몸무게의 변화에 예민하듯이 매일 자신의 마음무게를 재는 사람이 있을까? 나의 마음무게를 매일 살피면서 꾸준히 내면을 보살펴주면 어떤 변화가 생길까?

제 인생에 '뚱뚱'은 없다고 생각했는데, 졸지에 '뚱뚱이 수녀'가 되었습니다. 한국에 돌아오니 왜 그리 밥이 맛있는지, 열심히 먹고 열심히 일했지요. 주변의 시선과 상관없이요. 그러다가 미국 버클리에서 영성 공부를 할 기회가 있었어요. 정신없이 일하다가 미국 땅을 다시 밟으니 기분이 참 좋더라고요. 그리고 영성을 공부하면서 너무도 행복했어요. '머리가 아닌 가슴으로 공부하는 것이 이런 것이구나' 싶은 생각에 천국에 와 있는 기분이었어요. 마음수련을 위해 매일 주어진 자유시간에 혼자서 걷기명상을 하고 조용히 자연을 찾아 묵상하곤 했지요. 체중을 줄이는 것보다는 제 마음을 보살피는 데 집중했어요. 그러다보니 자연히 침묵하면서 혼자 자주 걷게 되고, 탐식하지 않게 됐고요. 다시 한국에 돌아오니 사람들이 저를 보고 또 한번 놀랐어요. 10킬로그램을 미국 땅에 되돌려주고 온 겁니다. 물론 미국에 머무는 동안 그 누구에게서도 체중이 줄어든 제 몸에 대해 한마디도 들어본 적이 없었지만 말이에요.

비만 전문가들은 '살'에 대한 애착이 오히려 비만의 원인이 된다고 해요. 한마디로 몸에 대한 집착에서 벗어나라는 겁니다. 몸매와 다이어트, 몸무게와 칼로리에만 온 신경을 집중하며 사는 것은 역으로 덫이 된다는 거예요.

미국 35개 대학에서 수천 명의 학생들이 '몸매 말하지 않기 anti fat talk' 캠페인을 벌이고 있다는 기사를 읽은 기억이 납니다. "살 빠졌네" "야, 멋진데!" "그 옷 잘 어울리는데요"와 같은 긍정적인 표현조차도 하지 말자는 거예요. 외모에 대해서는 일절 평가하지 말자는 거죠. 외모에 대한 집착에서 벗어나 내면의 진정한 아름다움과 자존감을 찾자는 겁니다.

프란치스코 살레시오는 이렇게 말합니다. "혀는 귀에게 이야기하고, 마음은 마음에게 이야기한다." 입으로만 말하는 사람의 말은 상대의 귀에는 전달되지만 곧 흘러나가지요. 하지만 마음으로 말하면 마음으로 전달돼 생각과 행동까지 움직여요. 종종 마음 없이 입으로만 소통하고 있는 건 아닌지 생각해봅니다. 눈에 보이는 것으로만 소통하고 있는 건 아닌지 말이에요. 예수님께서도 말씀하셨어요. "너는 나를 보고서야 믿느냐? 보지 않고도 믿는 사람은 행복하다."(요한 20:29) 보고서야 믿는 사람은 보는 그 순간 기쁘겠지만, 보지 않고도 믿는 사람은 보기 전이든 후든 언제나 행복하지 않을까요? 그들의 믿음은 마음에 있어 마음으로 소통하고 교류하니까요.

외모에 대한 집착을 내면에 대한 자존감으로 바꾸는 훈련을 해야겠어요. 외모에 대한 집착에서 자유로워지고 보이지 않는 '마음'을 보고 마음으로 소통하고 싶습니다.

———◇◇◇———

나의 모든 행동은 마음에서 만들어진 것이다.

일상을 돌보는 마음영성 3

내 마음 돌보기

• 마음을 있는 그대로 봐요

언젠가 회의중에 한 수녀와 논쟁을 벌인 적이 있었지요. 그날 밤 저는 몹시 언짢은 마음으로 성체 앞에 앉아 그 일을 성찰해보았어요. 가만히 머물수록 불쾌한 감정이 올라와서 당장 찾아가 다 하지 못한 말을 시원하게 쏟아내고 싶더군요.

• 마음에 무엇이 숨어 있었는지 객관적으로 관찰해요

잠시 심호흡을 하면서 그날의 회의 장면을 떠올려봤어요. 제3자의 시선으로 제가 한 말과 태도, 행동에 대한 기억을 다시 불러들였죠. 순간 제 마음속 깊이 밀쳐두었던 그 수녀에 대한 부정적 편견이 올라왔어요. 저는 이미 그 수녀를 부정적으로 판단하고 있었던 거예요.

• 용기 내서 진솔하게 마음을 표현해요

다음날 저는 그 수녀를 찾아가 제 말투와 태도에 대해 사과하고 제가 말하고자 했던 내용을 차분하게 전달했어요. 그 수녀는 마음을 열고 다가간 저에게 감사를 표했고 제 의견을 충분히 존중해주었지요.

그날 저는 마음으로 이야기하는 것이 무엇인지를, 그 마음은 반드시 상대방의 마음에 전달된다는 것을 알게 됐어요. 아무리 까다롭고 어려운 상대여도 제가 마음을 열면 그 사람도 역시 마음을 연다는 것도요.

오늘의 기도

주님,

꿀벌은 구름이 많이 낀 날에는 밖에 나가지 않고

벌집을 튼튼하게 한다고 합니다.

제 마음속 미움과 분노로 먹구름이 몰려올 때

그것과 맞서려 뛰쳐나가기보다

고요히 제 마음 안에 머물러

무너진 마음의 집을 지을 수 있게 하소서!

2 당신에게

서로가 서로에게 연결되어 있다면

오래전 미국 캘리포니아에서 영성 연수를 하면서 지구상에서 가장 높이 자라는 나무인 레드우드Redwood를 알게 됐어요. 그 거대한 나무를 보고 저는 깊은 감동을 받았지요.

레드우드는 키가 보통 100미터 이상 자라는 세계에서 제일 높은 나무인데요, 뿌리가 얕아도 흔들리지 않는대요. 뿌리가 얕아도 한 점 구부러짐 없이 똑바르게 자라고, 모진 비바람에도 심지어 불이 나도 쉽게 죽지 않는다고 해요. 죽어서 잘려나가더라도 부식에 강하고 색이 아름답고 목질이 부드러워 귀하게 쓰여요. 뿌리가 얕은 레드우드가 이렇게 튼튼하게 자랄 수 있는 이유는 단 한 가지, 바로 가족과 함께 공동체를 이루며 자라기 때문이에요.

레드우드는 뿌리가 땅 밑으로 뻗지 못하는 대신에 옆으로 25미터 이상 번지면서 한 뿌리에서 여러 그루가 자라요. 한 뿌리에 연결되어 공동체를 이루며 살아갑니다. 심지어 줄기 자체가 땅속에서부터 갈라져나오기 때문에 어떤 나무가 모계인지 알아보지 못한대요. 그래서 레드우드는 모두가 어머니 역할을 해요. 뒤늦게 자란 막내가 어머니 자리에서 죽어가는 가지를 대신하기도 하고, 늙은 할아버지 나무가 불에 심하게 타서 죽을 지경에 이르러도 자신에게서 새로운 생명을 받은 다른 줄기들에 영양분과 수분을 나누어준다는군요. 이것이 거목의 특징이라는 생각이 들었어요. 거목을 지탱해주는 힘은 깊은 뿌리에서만 나오는 것이 아니라 '함께하는' 가족정신에 있는 거지요. 뿌리 얕은 나무도 공동체와 함께한다면 절대 흔들리지 않아요.

함께한다는 것은 '너'의 고통과 '나'의 기쁨이, '너'의 행복과 '나'의 설움이 모두 뒤범벅되어 생명을 키워가는 것입니다. 이것이 공동체 영성이지요. 네가 '나'이고 '나'가 네가 되는 공동체 안에서는 누가 강하고 누가 약한지를 구분할 수 없어요. 우리는 모두 하느님의 숨결로 지음받은 단 하나의 가족일 뿐이니까요.

아는
관계와   사랑하는
관계

✳

소셜네트워크 시대를 살아가는 우리는 빠져나갈 수 없는 거미
줄 망에 얽혀서 살아가고 있다는 느낌이 들어요. 많은 사람이
스마트폰이 없으면 사람들과 관계가 멀어지고, SNS를 열심히
관리하지 않으면 관계가 소원해진다고 해요. 그런데 이상하지
요? 지구는 작은 마을이 되고 관계망은 더 촘촘하게 확장되어
가는데 왜 소외감과 고립감은 깊어지고 우리는 이다지도 외로
운 걸까요? 혹시 '아는 관계'에는 지나칠 만큼 노출되어 있지만
'사랑하는 관계'에는 무심한 것은 아닌지 모르겠어요.

　우리는 SNS에서 열심히 답글을 달고, 정보를 주고받고, 리
트윗으로 소문을 퍼뜨리면서 거미줄처럼 퍼진 인맥으로 자신

의 존재감을 거듭 확인하며 매일을 살아갑니다. 우리가 이토록 관계를 욕망하는 것은 아마도 사랑하고 싶어서겠죠. 그런데 아는 관계에서 얻는 사랑은 그저 느낌일 뿐이라 빨리 식더라고요. 그래서 온도를 높이려고 자신도 모르게 자꾸만 스마트폰으로 손이 가는 것이라는 생각이 들어요. 하지만 사랑하는 관계는 온도를 높이는 데 시간이 오래 걸려요. 사랑의 꽃을 피우려면 사랑하고 사랑받는 경험을 무던히도 주고받아야 하니까요.

가끔 스마트폰에 빼곡히 입력된 지인들의 이름을 보면서 만약 도움이 간절하게 필요해서 연락한다면 지금 바로 몇 명이나 달려올 수 있을지 생각해봅니다. 평소엔 필요한 게 있으면 언제든지 연락하라는 사람이 많아요. 그런데 도움이 필요한 순간에 용기를 내서 가까운 곳에 사는 지인들에게 연락을 해봤더니 대부분 이번엔 안 되지만 다음엔 꼭 불러달라는 답을 하더라고요. 사랑하는 관계에선 어떤 반응이 올까요? 선약이 있지만 취소하고 오겠다고 답하지 않을까요?

물론 사랑하는 관계와 아는 관계 모두 소중한 관계라고 생각해요. 그런데 가끔은 이 관계의 차이를 의식해볼 필요가 있을 것 같아요. 사랑인 줄 알았는데 사랑이 아니라면 얼마나 허망하고 외로울까요? SNS를 통해 밤낮으로 안부를 묻고 틈만 나면 이야기를 나누며 시간을 들여 소중한 관계를 이어갔는데 관계가 너무 쉽게 무너진 적이 있지 않나요? 필요할 때마다 돌리는 채널처럼 쉽게 만나고 헤어지는 관계, 쉽게 자주 연결되지만 내가 원할 때만 만나는 관계가 아는 관계지요. 사랑하는 관계는 지루할지도 몰라요. 자주 연락하지 않아도 언제나 거기 그 자리에 있다고 믿어요. 그렇기에 재미는 없어도 기쁨을 나누는 관계, 보이지 않아도 보이는 관계, 언제나 묵직한 책임으로 버겁지만 든든한 관계지요.

다시 한번 스마트폰 속 이름들을 둘러보며 묻습니다. 이들 중 진짜 '나'와 고통을 나눌 수 있는 사람은 과연 누구일까요?

———◇———

복잡한 세상사에 시달리다보면 상처가 남기 쉽다. 그래서 자신의 '마음'으로 돌아가야 한다. 하느님과의 관계, 자신과의 관계, 이웃과의 관계를 바라보며 자신에게 물어야 한다.
'나의 마음은 어디에 있는가?'

관계의
덕을 쌓는　다섯 가지
　　　　　　방법

영성이란 초월적인 어떤 추상적인 것도 아니고, 그렇다고 무작정 열심히 희생하는 차원도 아니에요. 모든 것이 연결된 통합된 일체로 세상을 바라보면서 애덕의 꽃을 피울 때, 그리고 그 꽃의 향기가 하느님과 인간의 관계를 이어줄 때 비로소 영성이라고 할 수 있지요. 어쩌면 영성을 산다는 것은 관계를 돌보는 일인 것 같아요. 그렇기에 관계를 어떻게 돌보느냐에 따라 행복의 문도 열리겠지요. 어떻게 하면 서로 연결하고 공유하고 나누며 살 수 있을까를 고민하는 것은 우리의 최고 과제이고요.

프란치스코 살레시오의 영적지도 서간을 보면 그가 '관계'에 대하여 아주 섬세하게 다루고 있음을 알 수 있어요. 하느님과의 관계뿐 아니라 여러 사람과의 관계에 대해 이야기해요. 살레시오 성인이 살았던 시대에는 수도사들이 세상을 벗어나 침묵과 고독 속에서 홀로 존재하려 했어요. 다른 사람과의 관계는 신앙의 여정에 방해가 된다고 본 거지요. 수도승monk이라는 말은 라틴어 'mono', 즉 '하나one, alone'라는 뜻을 지녔지요. 하지만 살레시오는 관계 속에서 영적 깨달음을 얻어야 인간의 마음속에 계시는 하느님을 만날 수 있다고 해요. 그의 대표적인 저서 『신심 생활 입문』에서는 기도와 성사나 덕행뿐 아니라 우정, 대화와 비방, 옷차림, 춤, 오락, 사교 모임 등 사소한 것에도 주목합니다. 각자의 처지에서 관계를 잘 돌보고 그 속에서 하느님과 관계를 맺고 산다는 것이지요.

살레시오는 우리가 일상에서 구체적으로 실천할 수 있는 관계의 덕을 다섯 가지로 제시했어요.

관계영성의 첫번째 덕은 '동반'입니다. 어머니의 현존은 그 자체로 아이에게 엄청난 사랑의 표시가 돼요. 자녀의 현존은 어머니에게 든든한 힘이 되고요. 그저 있어주기만 해도요. 가르치려 하거나 감시하는 게 아니라, 어떠한 판단도 없이 그저 놀아주고 들어주고 함께하는 사랑의 현존을 '임장지도loving presence'라고 해요.

성경에서 예수님께서는 슬픔과 좌절에 빠진 제자들의 여정을 동반해주십니다. 예수님은 예루살렘의 서북쪽에 있던 마을인 엠마오로 가는 두 제자 앞에 나타나 그들의 이야기를 집중해서 들으시고 함께 이야기하면서 걷다가 그들의 집에 이르게 돼요. 식사 초대를 받자 기꺼이 식사도 함께하지요. 그러자 비로소 두 제자의 눈이 열리면서 그들은 죽었다가 다시 살아나신 예수님을 알아보게 돼요. 예수님과 함께한 시간들, 함께 대화하고 함께 걷고 함께 식사하며 보낸 너무도 인간적인 그 동반의 여정에서 제자들에게 커다란 변화가 일어난 거지요.

———◇◇◇———

어머니 가슴에 몸을 맡기며 둥글게 뭉쳐서 안기는 어린 아기. 아기는 어머니를 힘있게 끌어안을 수 없다. 그럼에도 아기는 있는 힘을 다해 어머니 가슴에 매달린다. 어머니는 이런 아기를 기꺼이 끌어안으면서 이 미약한 힘과 완벽하게 협력하고 일치한다. 주님은 우리를 바로 그렇게 품으신다.

관계영성의 두번째 덕은 '온유함'입니다. 예수님은 말씀하시죠. "나는 마음이 온유하고 겸손하니 내 멍에를 메고 나에게 배워라." 예수님의 멍에가 얼마나 고통스럽고 무거울까요? 그런데 그 멍에를 메기 위해서는 온유와 겸손의 덕을 지녀야 한다고 하시네요. 얼핏 온유하다 하면 얌전하고 결단력이 없거나 약하고 무기력한 사람처럼 느껴지곤 해요. 그런데 온유하기 위해서는 오히려 강함과 끈기가 요구되는 것 같아요. 어쩌다 한번은 인내하면서 관대한 행동을 할 수 있지만 아차 하는 순간 일그러진 제 얼굴을 마주하게 되더라고요. 그러니까 늘 깨어 있어야 할 것 같아요.

———◇———

지나치게 온화하거나 지나치게 온화하지 않을 것. 하지만 중용이 어려워 한쪽으로 치우쳐야 한다면, 차라리 지나치게 온화한 행동을 하는 잘못을 범하고 싶다.

관계영성의 세번째 덕은 '헌신'입니다. 영어로는 'devotion', 신심信心이라고도 하지요. 프란치스코 살레시오는 기도 자체를, 혹은 사랑 자체를 신심이라고 하지 않아요. 사랑이 덕행으로 그리고 이웃을 향한 선으로 이어지는 행동이 일상에 자연스럽게 스며들 때 비로소 그를 신심 있는 사람이라고 할 수 있다고 말하지요. 그러니까 '사랑은 영적인 불이라면 신심은 이 불에서 타오르는 불꽃'인 거예요. 중요한 것은 사랑이나 신심 모두 애덕으로 옮겨지는 선행, 즉 헌신이 없으면 그 어떤 것도 아니라는 거예요.

<hr />

사랑 자체를 신심이라고 하지 않는다. 사랑이 덕행으로 드러나면서 애덕이 자연스럽게 일상에 녹아들고 선을 행할 때 비로소 이를 '신심'이라고 한다.

관계영성의 네번째 덕은 '작은 덕행'입니다. 프란치스코 살레시오는 '덕'이라는 말이 사람들에게 너무 크고 거창한 것을 요구하는 것처럼 느꼈는지 그 앞에 '작은'이라는 표현을 덧붙였어요. 제비꽃처럼 그늘진 곳을 좋아하고 눈에 잘 띄진 않지만 사방으로 퍼져나가는 달콤한 향기의 작은 덕들이 있는데, 명랑·동정·친절·소박·성실 같은 것들이랍니다.

위대한 선행을 하고 싶은 성급한 사람이 프란치스코 살레시오에게 물었어요.

"그런 작은 덕행에 신경쓰다가 언제 성덕으로 나아갑니까?"

그러자 살레시오는 명쾌하게 답합니다.

"우리에게 필요한 것은 단 하나의 작은 덕행입니다. 이를 실천하기 위해 평생을 다 소비해도 됩니다. 그러다보면 수많은 작

은 덕행은 물론, 감히 넘보지 못한 위대한 덕행도 저절로 따라
오게 되어 있습니다."

**친절한 사람들은 다른 사람과 온당하게 관계 맺고 있는지 자
주 성찰한다. 겸손하고 온유한 사람은 자신의 진실한 마음이
어디에 있는지 자주 생각한다.**

관계영성의 마지막 덕은 '낙관주의'입니다. 관계를 쌓아가는
데 무엇보다 중요한 것은 믿음과 희망을 끝까지 붙드는 것이
아닐까 싶어요. 그렇기에 관계에서 낙관주의는 참 중요하겠지
요. 프란치스코 살레시오는 '모든 이는 아름답고 선하다'는 믿
음을 가지고 있었어요. 그는 항상 다양한 사람들 안에 있는 선
을 바라보려 했지요. 인간과 관계에 대한 이런 믿음으로 사람
들과의 관계에서 오는 위험과 갈등마저 평화롭게 수용할 줄
알았어요. 그런 의미에서 열망과 희망이 다르다는 것을 이해할
필요가 있는 것 같아요.
  열망한다는 것은 자신의 힘에 기대어 무엇인가를 성취하려
는 거예요. 그래서 열망이 지나치면 내 기대치가 무너지는 데
서 오는 원망과 분노, 울분으로 고통하게 돼요. 반면에 희망한

다는 것은 누군가를 믿고 신뢰하며 잘되기를 바라는 거예요. 그렇기에 희망이 무너져도 당장의 결과에 집착하지 않고 또다시 희망합니다. 희망이 희망을 낳기 때문이에요. 열망은 행동의 에너지이며, 희망은 정신의 에너지입니다. 우리가 열망하면서도 희망을 놓지 않는다면 언제나 가능성을 바라보게 되지요. 우리가 관계에서 발생하는 크고 작은 갈등으로 좌절한다 하더라도 관계의 가능성을 포기하지 않고 희망하며 작은 덕행을 해나간다면, 분명 그 관계는 아름다운 열매를 맺으리라 믿고 싶어요.

—◇◇◇—

많은 시간 두 손 모아 기도하면서 하느님을 대충 흘끗 보는 사람이 있다. 그러나 많은 사람과 관계를 맺고 세상의 다양한 일의 중심에 있어도 확실하고 꼼꼼하게 하느님을 찾는 사람이 오히려 더 유익하다.

그 사람,

좋은
사람인가요?

✳

"정말 좋은 사람이었거든요. 저에게 친절하게 잘해줬어요. 그래
서 결혼했는데……."

그녀의 쏟아지는 눈물에 저의 눈시울도 붉어졌지요. 그녀는
그렇게 사랑해주던 남편이 자신을 속이고 다른 여자와 이중생
활을 했다며 배신감에 몸서리를 쳤습니다. 제가 너무 화가 나
서 '못된 남자'라며 흥분하자, 그녀가 손사래를 치며 이렇게 말
하는 거예요.

"아니에요. 사람은 참 좋은 사람이에요."

순간 저는 당황하고 말았어요. 아이까지 있는 남자가 다른
여자와 몇 년간 이중살림을 하면서 조강지처를 감쪽같이 속였

는데 그런 남편이 '좋은 사람'이라니, 그녀의 반응에 더 화가 났어요. 우리는 가끔 착각하는 게 아닐까요? 흔히 나에게 잘해주면 '나를 사랑하는 아주 좋은 사람'이라고 생각하는 것 같아요. 그러나 착하고 악함은 단순히 친절한 행동이나 배려해주는 태도에 있지 않아요. 좋은 마음도 단지 유순하고 온화한 성품만을 의미하는 것 같지 않아요. 진짜 '좋은 마음'은 '의지'에 있지 않을까요?

살레시오는 의지는 마음에서 나오며, 그 마음은 사랑이어야 함을 말해요. 의지가 없는 마음, 행동을 바꾸지 못하는 마음을 어찌 '좋다'고 표현할 수 있을까요? 잘못된 것을 알았을 때 과감하게 포기하고 돌아설 수 있는 의지, 길이 아닌 곳에 아예 발을 딛지 않으려는 의지, 하늘을 바라보고 나를 돌아볼 수 있는 의지가 바로 '좋은 마음' 아닐까요?

외도한 사람이 "미안해, 어쩔 수 없었어"라며 사죄하는 것만으로 '그래도 좋은 사람'이라고 말할 순 없을 것 같아요. 다른 사람에게로 향하는 유혹에 흔들리다가도 마음을 다잡고 돌아서고, 잘못된 길을 갔다면 과감하게 끊고 뼈를 깎는 회개로 용서를 청할 수 있었으면 해요. 아내를 때리고 눈물을 흘리며 "내가 왜 이러는지 모르겠어"라며 자책하고 용서를 청하는 경우에도 이런 악습을 끊기 위해 얼마나 힘들게 노력하고 있는지를 보여줘야 해요. 그럴 때 비로소 '그렇게 나쁜 사람은 아니구나' 라고 생각해도 좋지 않을까요?

행위라는 것은 단순히 태도나 말만을 의미하지 않아요. 고통을 감수하면서까지도 변화하고자 하는 몸부림이 동반되어야겠지요. 눈물을 흘리고 무릎을 꿇고 사죄하여도 기존 행동에 전혀 변화가 없다면 그 마음자리에는 진정성이 부족한 거예요. 진정성이 없는 마음에는 사랑도 없고요. 그리고 그런 사람을 어찌 '좋은 사람'이라고 할 수 있을까요?

———◇◇◇———

하느님께서 사람을 사랑하시는 것은 의지 때문이며, 의지를 사랑하시는 것은 그 사랑 때문이다.

사랑한다는
거짓말

미국의 한 잡지사에서 네티즌에게 이런 질문을 던졌다고 해요.

"당신이 가장 많이 하는 거짓말은 무엇인가?"

수많은 네티즌이 답한 '거짓말 1위'가 무엇이었을까요? 평소에 우리가 그토록 듣기를 갈망하는 "사랑해"였어요. 충격적이지 않은가요? 물론 두뇌의 화학작용에 의해 사랑에 빠진 순간 사랑한다고 고백했는데 지나고 보니 한때의 감정이었다고 생각할 수도 있어요. 누구나 듣기 좋아하는 말이니 습관처럼 할 수도 있겠고요. 하지만 스스로 거짓말임을 인식하면서도 사랑한다고 말한다니요. 게다가 이런 거짓말을 데이트중에 일어나는 하나의 의식, 서로를 기쁘게 해주는 데 필요한 의례 정도로 생각한다고 하니 서글프다는 생각이 드네요. 누군가는 사랑을 '유전자의 명령 또는 도파민 과다에 의한 미친 증상'이라고 하잖아요. 어떤 사람은 결혼하고 딱 한 달 좋았다고 말하기도 하고요. 그런데 이 모든 것이 단지 사랑을 느끼게 하는 호르몬 때문일까요?

평생 함께할 배우자와의 '사랑'을 그저 신경전달물질에 의존한다면, 과연 관계란 어떤 의미이며 결혼은 왜 하는 걸까요? 사랑을 키우기 위한 우리의 노력이 너무 가벼워진 것은 아닐까요? 가슴이 두근거리지 않으니 사랑이 식은 거라며 방치해두다가 아예 부패되어버린 것은 아닐까요?

정신과의사이자 작가인 스콧 펙Morgan Scott Peck은 '사랑에 빠지는 것이 진정한 사랑'이라는 믿음은 잘못된 생각이라고 말해요. 사랑에 빠지는 순간의 황홀하고도 애틋한 애욕은 사실 한순간의 '느낌'에 불과하다는 것이죠. 물론 남녀 사이에 그런 느낌 없이는 특별한 관계가 시작되지 않겠지요. 하지만 그 느낌은 관계가 시작되는 출발점으로서 의미가 있을 뿐이라는 거예요. 첫눈에 반하는 로맨틱한 감정은 아기가 엄마에게서 분리되지 않은 의존과 집착의 퇴행 상태일 수 있다는 거지요. 대중가요와 영화, 드라마는 모든 것이 나만을 위해 존재해야 진짜 사랑이라고 착각하게 만드는 것 같아요. 나만 바라보아야 하고, 당신은 나 없이는 안 되고, 나도 당신 없이는 못 사는 그런 '운명적인' 상대를 꿈꾸게 해요.

하지만 스콧 펙은 그런 사랑은 서로를 성장하지 못하게 구속하는 의존적인 사랑이라고 말하지요. 이런 사랑을 찾는 사람은 의존할 사람만 생기면 사랑에 쉽게 빠질 거예요. 그래서 사랑하던 사람과 헤어지면 당장 죽을 것 같다가도 또다른 사람을 만나면 금세 또 사랑에 빠지고요. 하지만 진짜 사랑은 서로가 떨어져 있어도 잘 살 수 있고 동시에 서로의 필요에 깨어 있는 것, 그렇기에 오히려 진짜 사랑은 한순간 반한 사랑에서 빠져나오는 그때부터 비로소 시작된다고 스콧 펙은 말하나봅니다. 서로가 다르다고 불편해하고, 도대체 맞는 게 없다며 말다툼이 시작되는 그 순간, 어쩌면 그것이 진짜 사랑의 시작인지도 몰라요.

수도생활도 마찬가지인 것 같아요. 세속에서 살 수 없어 수도원에 들어오면 수도원에서도 결코 행복할 수 없을 거예요. 저는 결혼해서 잘 살 수 있는 사람이 수도원에서도 잘 살 수 있다고 생각해요. 결혼생활이나 수도생활이나 중요한 것은 스스로 애정적으로 독립이 될 때 인성적으로나 영성적으로도 성장이 가능하다는 사실이에요. 사랑하는 그 사람 없이도 내 마음이 충만하고 삶을 즐겁게 살아낼 수 있을 때 비로소 사랑도 관계도 성장해갈 수 있겠지요.

어떤 사람들은 이혼하고 나서야 세상이 제대로 보인다며 정신적·정서적으로 안정과 성장을 이루어가는 경우도 있어요. 이혼했기에 그들의 능력이 계발된 것이 아니라, 배우자에게 매달리는 수동적인 의존성에서 벗어나 애정적 독립을 이뤄냈기에 생긴 결과라는 생각이 들어요. 『라푼젤』처럼 높은 성에서 빠져나와서 진정한 사랑을 찾거나 『동화 밖으로 나온 공주』처럼 왕자의 품을 떠나 새로운 세상을 만나듯, 스스로를 가둬둔 애정이라는 속박에서 벗어나 세상과 맞서 자신을 진정으로 사랑하는 법을 일궈낸 것이지요.

———◇———

가장 잘 익고 감미로운 사과에는 벌레가 먹기 쉬운 것처럼 부부간의 과도한 애정에는 질투, 반목, 불화가 일어 사랑의 부패를 가져온다.

우정,

거룩한
사랑

✳

사랑에는 두 가지가 있어요. 가슴이 터지도록 뜨거운 열정과 미지근하지만 따뜻한 온기를 지닌 우정이요. 열정은 한순간에 생기는 가슴 두근거리는 뜨거운 감정이고, 우정은 다양한 사건과 상황에서 서로가 서로에게 길들며 만들어가는 감정이에요. 그래서 불편하면서도 애틋하고, 야속하고 미우면서도 그리워해요.

프란치스코 살레시오는 감각적인 애정에 사로잡혀 상대방의 성격이나 품행을 보지 못하고 욕망과 열정으로 연애하게 되면 결국 올가미에 빠질 수 있다고 해요. 그런데 사랑에 빠지게 되면 한순간에 불이 붙어 열정적인 사랑을 하게 되는 경우가 많지요. 열정으로 불타게 하고 우정으로 이어가는 것이 사랑일 것입니다.

살레시오는 우정에 세 가지 조건이 있다고 해요.

첫째, 서로 다가가 진심으로 주고 또 받는가?
둘째, 서로 사랑받고 있음에 깨어 있는가?
셋째, 서로 소통하고 있는가?

'서로'가 우정에서 가장 중요한 조건이겠지요. 사랑은 혼자서도 가능하지만, 우정은 반드시 서로 주고받아야 하니까요. 그래서 살레시오는 우정은 '거룩한 사랑'이라고 표현해요. 모든 사랑이 다 우정은 아닌 거지요. 우정은 서로의 사랑에 깨어 상대방이 '사랑받고 있음'을 느끼게 해주는 행동의 교류를 전제로 한다는 거예요. 우정은 전적으로 상호적인 관계이기에 무엇으로 소통하고 무엇을 서로 교류하고 있는지가 중요하고요.

우리는 사랑하는 사람과 주로 '무엇'을 주고받고 있나요? 담소, 스킨십, 유흥, 영화 관람, 봉사 활동이나 종교 활동……. 연인과 자주 하는 그 '무엇'이 바로 우정의 품격이라고 생각해요. 부부, 친구, 연인, 혹은 형제간에 주로 무엇을 교류하며 살고 있나요? 불평과 짜증, 이웃이나 친구에 대한 험담, 아니면 희망과

영적 담소를 나누기도 하겠지요. 서로 나누고 있는 그 '무엇'이
바로 우리의 내면 풍경일 겁니다.

제가 강연중에 부부들에게 하루에 단둘이 대화하는 시간이
얼마나 되느냐고 물으면 대부분 '둘만요?' 하며 말끝을 흐리거
나 30분, 아니 5분도 안 된다고 하더라고요. 어떤 대화를 하느
냐고 물으면 자녀나 직장 이야기가 대부분이라고 합니다. 그렇
다면 혹시 자신과 관련된 이야기, 즉 신앙, 가치, 신념, 심리, 독
서, 자아 등에 대하여 자연스럽게 대화하는 순간이 있냐고 물
으면 상상만 해도 무척 낯설어하는 것 같았어요. 이런 이야기
는 배우자보다는 친구와 주로 나눈다고 생각하는 분들도 꽤나
많더라고요.

물론 이런 대화는 평소에 훈련되지 않으면 어느 날 별안간
툭 내뱉기는 힘들 거예요. 사실 우리 수녀들도 늘 함께 살고 있
는 자매들과 영적 이야기를 나누는 것이 쉽지 않아요. 그래서
묵상나눔을 하는 시간이 있어요. 나눔을 하면서 그들의 영적
깊이를 헤아리게 되고 감동도 하게 되지요. 그렇게 연습하면서
내면을 보이고 영적인 나눔을 하는 데 익숙해지게 돼요.

참된 우정은 뜨거운 열정이 없어도, 가슴 두근거림이 없어

도, 식은 듯 미지근하게 올라오는 미운 정 고운 정으로, 그저 있어줘서 고마운 마음으로 이어가는 인생의 파노라마라는 생각이 드네요. 불편하고 야속하지만 그래도 생각나고, 끊어질 듯 불안하여도 그렇게 이어지는 일상의 반복, 그것이 바로 '진짜 사랑'이겠지요.

───◇───

한순간에 불붙는 뜨거운 열정보다 넘어지고 일어서면서 서로를 잡아주고 동반해주는 마음속 의지를 키워가는 우정이 진정한 사랑이다.

일상을 돌보는 마음영성 4

영적 우정으로 영성을 살아요

우정은 "눈물로 씨 뿌리던 사람들이 곡식 단 들고 환호하며 기뻐하듯"(시편 126:5) 사랑을 일궈내며 행복을 키워가는 것입니다. 오늘 사랑하는 사람과 내가 무엇을 나누고 있느냐에 따라 보이지 않는 미래에 무엇을 일궈낼 것인지 보일 거예요.

- 함께 앉아 기도 혹은 명상을 해요.
- 함께 침묵으로 산행을 해요. 가끔 서로 손잡아주고 바라보면서요.
- 성경이나 책을 읽고 난 후 떠오르는 삶의 여정을 나눠요.
- 영화관이나 박물관 혹은 미술관을 함께 다니면서 서로의 생각을 말해요.
- 하루 동안 일어난 사건 속에서 심리적 갈등과 새로운 영적 깨달음을 나눠요.
- 문자메시지를 주고받을 때 영감을 주는 좋은 글로 서로 용기를 줘요.

오늘의 기도

주님,

오늘 하루도

눈을 뜨면 접속하는 가상의 우정을 넘어

조금은 불편해도 바라보고 만지고 다가가는

접촉하는 우정을 나누게 하소서!

그리하여 사랑하는 것만으로 충분하지 않고

서로 사랑받고 있음을 느낄 수 있는

그런 사랑을 하게 하소서.

바른말과
　　옳은 말은
　　달라요

언젠가 무슨 일이 있었는지 S는 어처구니없다는 표정으로 속사포처럼 말을 쏟아냈어요. "A가 하는 말을 듣고 기절하는 줄 알았다니까요." A라면 다소 부정적이고 공격적인 말투로 주변 사람들을 불편하게 하는 사람이라는 정도는 알고 있었지요. "그 사람이 뭐라는 줄 아세요? 자기가 바른말을 하기 때문에 사람들이 불편해한다는 거예요. 그러면서 자신은 하느님 앞에서 당당하다는 거예요. 아니, 이 사람 저 사람 상처 주는 말이 바른말입니까?" C도 합세하며 한숨을 쉬더라고요. "그러게요. 나도 그 말을 듣는데 기가 막혀서."

　가만히 그들의 이야기를 듣다가 평소 원칙을 중요시하는 E가 생각났어요. 언젠가 E는 행사 진행에 따라 행렬을 하기 위해 맨 앞에 서 있었지요. 그런데 누군가 "이제 움직여요!" 하며 앞으로 가라고 손짓을 했어요. E는 순간 짜증을 내면서 "그 말은 당신이 아니라 저 사람이 해야 하는 겁니다" 하고 날카롭게 쏘아붙였어요. 행사를 지휘하고 있는 사람이 있는데 왜 구경하는 당신이 움직이라 말라 하느냐는 것이었지요. 상황이 어찌되었든 그 순간에 사람들의 마음을 불편하게 한 사람은 군중 속에서 이래라저래라 한 사람이 아니라, 원칙을 따지며 바른말을 한 E였어요. 물론 어떤 중요한 행사에서 책임자가 아닌 주변 사람들이 이런저런 잔소리를 하면 혼란스러워요. 하지만 꼭 그 순간에 그것도 화를 내면서 그 말을 해야 했는지 참으로 안타까웠지요. 평소 E는 일을 열심히 잘하다가도 말 때문에 손해를 많이 봤어요. 하지만 자신은 손해라고 생각하지 않는 것 같았어요.

"사람들이 나의 이런 점을 싫어하는 거 알아요. 그렇다고 서운하지 않아요. 난 바른말을 했고 그게 나이니까요."

저는 그때 바른말이 옳은 말은 아니라는 생각이 들었어요. 바른말은 내가 하고 싶은 말이지만 듣는 사람에게는 폭력이 될 수 있다는 것도요. 옳은 말은 하는 사람이나 듣는 사람이나 공감할 수 있는 말이겠지요.

신영복 선생님은 『담론』에서 중국 전국시대의 사상가인 귀곡자의 말을 빌려 "설說이 열悅해야 한다"라고 말씀하셨어요. '말은 듣는 상대가 기뻐해야 한다'는 의미이지요. 말은 전달하기 위한 것인데 듣는 사람이 불쾌하다면 의미가 전달되지 않을 뿐만 아니라 인간관계도 어긋나요. 자신의 의도를 잘 전하고 싶다면 듣는 사람의 기분이 좋도록 노력해야겠지요. 대화는 말의 교류가 아닌 마음의 교류이니까요. 말에 집착하면 대화interaction가 아닌 반응reaction만 하게 되고요. 어쩌면 말하는 것도 듣는 것도 모두 '마음'일지 몰라요. 아무리 좋은 말을 해도 진실하게 느껴지지 않을 수 있고, 아무리 욕을 해도 진정성을 전달받을 수도 있고요. 우리는 말 그 자체보다는 마음속 깊이 숨어 있는 진실한 감정과 대화하길 원하기 때문이겠지요.

저는 잠자기 전, 저의 말로 누군가를 기분 상하게 하지 않았는지 성찰해요. 그리고 그 말을 다시 저에게 돌려줘요. 그럴 때, 제가 한 말이 단순히 실수가 아님을 깨달을 때가 있어요. 그 사람이 싫었던 거지요. 그러니까 제가 한 말은 합리적이고 바른말이었을지는 몰라도 옳은 말은 아니었어요. 그 사람에 대한 나의 마음이 바른말이라는 이름으로 그대로 전달됐고 당연히 상대방과의 공감을 얻어내는 데 실패했으니까요.

그러면서 이런 생각도 해요. '이렇게 하루를 돌아보며 성찰하는 것도 좋지만 내가 말을 하는 그 순간 깨어 내가 하는 말을 내가 잘 들었더라면……' 노래를 잘하는 사람은 자기 소리를 집중해서 잘 듣잖아요. 말도 노래도 누군가에게 들려주기 위해 하는 것이니 말하면서 동시에 그 말을 제게 돌려주었더라면, 바른말이 아닌 옳은 말을 했을 것 같아요.

밤에만 성찰할 것이 아니라 누군가와 대화하는 그 순간에 성찰하는 연습을 해야겠다는 생각을 해요. 그래서 누군가에게 말로 상처를 덜 주는 그런 나날이 되기를 소망하면서요.

사람의 건강 상태는 혀를 보면 알 수 있지만, 영혼의 상태는 대화하는 것을 보면 안다.

믿음의
이름을
붙여주기

✴

"말을 하면서 실수하지 않으면 자신의 온몸을 다스릴 수 있는 완전한 사람"(야고보 3:2)이라고 해요. 저 역시 열심히 쌓은 공을 무너뜨리는 것이 있다면 '말'이에요. 밤늦도록 성체 앞에 앉아 성찰하고 결심해요. 다음날 새벽 묵상 시간 내내 예수님 말씀에 감동받고 충만한 마음으로 하루를 시작하고요. 그런데 불과 몇 시간도 안 되어 말로 누군가를 질책하거나 감정을 상하게 하는 경우가 있어요. 특히 남을 비판하고 비방하는 말은 정말 조심해야겠더라고요.

옛 성인들은 '남을 비방하는 말은 잔혹한 살인죄'라고 말합니다. 아리스토텔레스는 "뱀의 혀끝은 둘로 나누어져 있는데 비방하는 자의 혀도 이와 같다. 그래서 그가 한번 입을 열면 듣는 자의 귀에 독을 주고 동시에 비방당하는 자의 명예를 손상시킨다"라고 경고하지요. 말만으로도 죄가 될 수 있다는 거예요. 특히 남을 비방하는 말은 비방을 당하는 당사자뿐만 아니라 그 비방의 말을 전해듣고 있는 사람에게도 씻을 수 없는 상처를 준대요.

프란치스코 살레시오는 술 취한 사람이라도 '주정꾼'이라 부르지 말 것이며, 사기 친 사람에게도 '사기꾼'이라는 이름을 붙이지 말자고 말해요. 한 번 한 행위로 이름을 붙이는 것은 옳지 않다는 거예요. 설령 긴 세월 동안 죄악의 세월을 보냈다 해도 그를 즉시 '악인'이라 말하지 말라고 하지요.

경건한 삶을 자랑하는 바리사이 시몬은 창녀로 낙인찍힌 막달레나를 죄악에 젖은 자라 여겨 '죄녀'라 불렀지만, 사실 그 순간의 그녀는 죄녀가 아니었고 통회자였어요. 바리사이는 성전에서 기도하는 세금징수원인 세리를 부정하며 '도둑'이라 했지만 그 순간 세리는 통회하는 의인이었고요. 하느님의 자비는 헤아릴 길 없어서 어제의 죄인이 오늘 역시 그렇다고 단언하지 못합니다.

어제는 오늘을 판단하기에 충분치 않고, 오늘은 내일을 판단하기에 마땅치 않아요. 사람의 일생을 심판하는 것은 최후의 날뿐이라고 살레시오는 힘주어 말하지요. 우리는 단지 그 사람이 아닌 '그 순간' '그 일'이 옳지 않다고는 말할 수 있을 거예요. 많고 많은 잘난 사람들을 제쳐두고 평범하고 비천하기까지 할 수 있는 어부 시몬에게 '베드로'라는 새 이름을 붙여주시고 장차 하느님의 일에 반석 같은 존재가 될 것임을 믿어주신 예수님처럼, 우리도 서로를 새로운 말, 믿음의 언어로 불러주는 건 어떨까요?

하느님께서는 모든 인간의 영혼 속에 신성함divine**을 갈망하는 마음을 심어놓으셨다. 당신 안에, 당신의 친구들 안에 그리고 당신의 적들 안에도 있다. 우리의 행복은 바로 이것을 얼마나 알아차리고 행동하느냐에 달려 있다.**

말이 영성이 될 때

아주 작은 것이기에 소홀히 하는 말, 그래서 쉽게 실수하는 우리의 대화에 대하여 세세히 짚어주는 프란치스코 살레시오의 안내를 따라가려 해요. 살레시오는 '말'은 말하는 이의 내면을 보여주는 영혼의 풍경이라고 해요.

• 칭찬할 때는 칭찬만 해요

"나는 그 사람을 참 존경해. 그런데 솔직히 말하면 이러이러한 점은 안타까워"라는 식으로, 칭찬하는 듯 남을 흉보는 것은 가장 교묘하고 비겁하다고 해요. 이는 더 세게 비방하기 위해 화살을 뒤로 잡아당기는 행위와 마찬가지라는 거지요. 그러니 칭찬할 때는 그저 순수하게 칭찬만 해요.

• 농담이라도 상대방을 배려하면서 말해요

우리는 사람들의 실수에서 웃음거리를 찾는 경향이 있어요. 유쾌한 어투로 농담을 하면서 그 사람의 약점을 들춰내어 웃음을 끌어내지요. 하지만 주변 사람들이 웃더라도 그 말을 들은 당사자에게는 상처가 될 수 있어요. 설혹 농담일지라도 이런 농담은 죄일 수 있어요.

> "남을 심판하지 마라. 그러면 당신도 심판받지 않을 것이
> 다."(루가 6:37)

• 진실을 말해요

애매하게 말하여 실제를 가리거나, 말의 능란함으로 덮어 감
추려 하거나, 지나친 과장으로 사실을 흐리는 것은 모두 진
실을 가리는 행위이지요. 그리고 진실을 가리는 말은 모두
거짓말이 되고요. 때론 거짓말만 하지 않으면 된다고 생각하
지만 진실을 말하지 않는 것이 거짓말을 하는 것보다 더 악
으로 기울어질 수도 있어요.

• 사실이라고 다 말해야 하는 것은 아니에요

어떤 사람은 평소에 용기가 없어서 술을 빌려 말하고 싶어하
기도 해요. 그런데 누군가 "너 취했으니까 그만 말해!" 하면 자
존심이 상하겠지요. 술에 취한 것은 사실이지만 상대방을 무
시하는 말이라면 침묵을 지키는 것이 옳은 일이라는 거지요.
마음으로 묵묵히 들어주는 침묵도 아름다운 대화이니까요.

오늘의 기도

주님,

제가 어떤 사람을 만나든 그 사람이 모멸감을 느끼거나

무시당했다는 느낌을 받지 않게 하소서.

저를 만나고 싶어하는 사람이

오만하든 냉정하든 사납고 교묘하든

그 누구도 피하지 않게 하소서.

조금이라도 그들을 비웃거나

빈정대는 마음을 가지지 않게 하소서.

주님, 제가 언제 어디서 누구를 만나든지

그들을 존중하며 잘 듣고

투명하게 그리고 적게 말하게 하소서.

함께
　　고통하는
　　마음

✳

"이런 어쩌지요, 참 안타깝네요."

　　몇 번이고 고개를 끄덕이며 영혼이 떠난 리액션을 하고 있는 저 자신을 발견하고 순간 화들짝 놀라고 말았어요. 습관처럼 미소를 짓고 기계적인 반응을 하고 있다는 생각에 부끄러웠지요. 미국의 사회학자 어빙 고프먼Erving Goffman은 우리가 무대에 선 배우와 같아서 배역에 따라 '자기 연출'과 '인상 관리' 차원의 수많은 가면을 쓴다고 해요. 저 역시 상담자의 가면을 쓰고 자기 연출을 하고 있는 기분이 들었어요. 제 마음이 마른 나뭇가지처럼 만지면 건조해서 상대의 푸념과 이야기를 담아내지 못하고 있었으니까요. 상대방의 처지에 대한 공감 또는 동정심보다는 '나는 좋은 사람이어야 한다'는 생각으로 이미지를 관리하려 애쓰는 저 자신에 대한 부끄러움에 통렬히 반성합니다.

동정심 없이 공감하기는 어려워요. 동정심이란 함께하는 마음이에요. 사람을 이해하는 마음, 측은지심, 연민이기도 해요. 많은 것을 품어주고 용서해주는 넉넉한 마음자리이고요. 동정심이 있기에 우리는 서로 사랑할 수 있고 서로의 마음속을 드나들 수 있는 것 같아요.

그런데 우리가 흔히 쓰는 표현 중에 "값싼 동정은 싫다"라는 말이 있어요. '동정심compassion'은 라틴어 어근 'com+pati'에서 파생된 말로, '함께 고통한다'는 의미입니다. 그러니까 동정심은 값싼 것이 아니라 실은 굉장히 값비싼 것이에요. 다만 진심이 없는 말과 표정뿐인, 그런 척하는 동정은 값싼 동정이 되고 말겠지요. 공감은 어찌 보면 논리와는 상관없이 상대의 마음에 연민과 이해가 느껴질 때 가능한 것이 아닐까 싶어요. 동정심을 지니고 있다면 절대로 상대를 기만하거나 해할 수 없어요. 상대의 심정이 내 심정처럼 느껴지니까요.

한동안 사이코패스에 대한 논란이 많았지요. 겉보기에는 정상인과 다름없지만 이들의 공통적인 특징은 감정이 없다는 것이에요. 그들은 단지 사람들과 관계를 맺기 위하여 그런 척 연기를 하는 것뿐이래요. 사이코패스적인 성향의 사람은 상대방의 얼굴 표정이 슬픈지 기쁜지조차 구분하기 어려워한다는 믿기 힘든 연구 결과도 있습니다. 아이큐 160의 검증된 천재인 연쇄 살인범에게 "어떻게 당신은 친구들을 그렇게 잔인하게 죽일 수 있는가? 동정심도 없는가?"라고 묻자 그는 표정 없는 얼굴로 이렇게 대답했다고 해요. "내 안의 동정심은 아예 떼어서 없애버렸다." 이 사이코패스의 대답에서도 엿볼 수 있듯이, 동정심이 없다는 것은 '나만 생각하겠다' 혹은 '나를 돌보는 것 외에는 아무것도 고려하지 않겠다'는 의미이기도 해요. 이렇게 보면 동정심은 이기심의 반대말일지도 모르겠습니다. 자기 자신만 생각하는 사람에게는 동정심을 기대하기 어려우니까요.

———◇———

측은지심은 사랑하는 사람이 겪는 슬픔을 함께 나누는 것이다. 프랑스어로 동정이나 연민은 '마음의 괴로움'이라는 뜻이다. 이는 곧 사랑의 열매다.

우리의
아름다운
본성

✳

나만 생각하는 사람이 나쁜 사람일까요? 우리가 착한 '생각'을 한다고 과연 착한 '행동'을 할까요? 감정지능의 창시자 다니엘 골먼Daniel Goleman은 착한 생각과 착한 행동은 별개라고 말해요. 그는 우리가 착한 생각을 한다고 해서 동정심이 있는 것은 아니라는 것을 한 연구 사례를 들어 보여줍니다.

프린스턴신학교에서 신학생들을 대상으로 실험을 했어요. 신학생들에게 성서의 '착한 사마리아인의 비유'(루가 10:29-37)를 읽고 설교하는 과제를 주었죠. 신학생들은 착한 사마리아인에 대해 숙고한 후 설교 준비를 하여 한 명씩 지정된 건물에 가서 설교하도록 지시를 받습니다. 그리고 그 건물로 가는 골목길에서 신음하며 쓰러져 있는 사람과 마주치게끔 상황을 설정해놓고요. 과연 학생들이 그를 돕기 위해 가던 발걸음을 멈췄을까요?

분명 신학생들의 머릿속은 착한 사마리아인의 자비에 대한 경외감과 곤경에 빠진 사람을 돕는 것이 하느님이 원하시는 것이라는 묵상으로 가득차 있었을 겁니다. 그리고 그러한 내용의 설교를 하기 위해서 가는 길이고요. 그런데 놀랍게도 모든 신학생이 쓰러져 있는 사람을 그냥 지나쳤다고 해요. 왜 그랬을까요? 그들은 신학생으로서 자격이 없는 것일까요? 수녀인 저라면 어떠했을까요? 과연 저는 신음하는 사람 앞에 멈추어 도움을 주었을까요?

골먼은 신학생들이 나빠서도, 그들에게 동정심이 없어서도 아니라고 말해요. 다만 그들의 머릿속이 설교 시간에 늦지 않게 도착해서 준비한 설교를 잘해야 한다는 생각으로 가득차 있기에 신음하는 사람을 볼 수 없었다는 거지요. 맞아요, 생각에 빠져 있으면 보이지 않아요. 그것이 설혹 착한 생각이어도 그 생각에만 빠져 있다면 우리는 주변을 볼 수 없을 겁니다. 그러니 공감할 수도, 도와줄 수도, 사랑할 수도 없겠지요. 결국 착한 생각을 한다고 해서 동정심이 있거나 착한 행동을 하는 것은 아니라는 거예요.

하지만 우리는 하느님을 닮은 존재 아니던가요? 그렇다면 우리의 본성은 하느님을 닮아 선하다고 믿고 싶지 않나요? 신경과학에서는 인간의 뇌 자체는 동정심이 활성화되도록 설정되어 있다고 해요. 다만 자신의 일에 몰두하면 다른 데 신경쓸 여유가 없어져 무심하게 되는 거지요. 왠지 조금은 안심이 되지 않나요? 하지만 선행을 할 수 없는 이유가 자기 일에 몰두해 있기 때문이라는 것은 마음에 걸리네요.

사실 인간이 동정심을 갖는 것은 너무도 자연스럽고 당연한 것 같아요. 오히려 동정심 없이 자기 일에만 몰두하는 것이 부자연스럽고 이상하고요. 여유 없음으로 인하여 우리의 본능인 동정하고 공감하는 능력이 퇴행하고 있는 것은 아닌지 염려돼요. 그런데 여유가 없는 것이 시간이 없기 때문만은 아닌 것 같아요. 나 자신만 보기에 바쁜 것이죠. 내 일만 챙기기에 급급한 것이고요. 결국 여유 없음은 이기심이라는 생각이 들어요.

거리에서 누군가 치고받고 싸워도 그저 구경만 하면서 혀를 차기도 하고, 지하철 안에서 노인이 젊은이에게 모욕을 당해도 이를 저지하지 않아요. 거리에 휴지를 버리고 공원의 나뭇가지를 꺾는 아이를 보아도 그냥 지나치게 돼요. 물리적인 시간이 없기도 하고 마음의 여유도 없어 굳이 남의 일에 끼어들어 복

잡해지고 싶지 않은 거겠죠.

여유 없음이 서로와 서로에게 선을 긋고 거리를 두게 해요. 그리고 필요할 때만 손을 잡았다가 다시 떨어집니다. 그것이 편하니까요. 측은지심을 베푸는 것은 인간의 본능인데 베풀지 않고 베풂을 받지 않으니 우리는 단절되어가고 행복하지 않은 느낌으로 사는 것 같아요. 세상과, 상대와, 나의 아름다운 본성과도 단절되면 본성을 거스르는 것이니 마음도 몸도 편하지 않겠지요.

─◇─

완전함을 추구하면서 이러저러한 수많은 것을 소유하는 것을 중요하게 생각하여 고요하게 머물지 못하는 영혼을 보는 것은 얼마나 슬픈 일인가.

진심으로
　　공감한다는
　　것은

✳

우리의 아름다운 본성인 동정심을 되찾을 수 있을까요? 우리
의 공감 능력을 다시 활성화시킬 수 있을까요? 그러기 위해서
는 우선 우리 마음의 진정성이 어디에 있는지 찾아야겠어요.
공감 없이 고개를 끄덕이거나 예의를 지키는 차원에서 동정하
는 것은 상대방도 느끼죠. 아기들도 알더라고요. 진심은 전달되
니까요. 그러니 진정성 없는 동정심은 공감되지 않아요.

　우선은 진심으로 공감하기 위해 제 마음도, 상대방 마음도
분석하지 말아야겠다는 생각을 해요. 제가 이러이러하게 공감
해주면 상대에게서 저러저러한 반응이 되돌아오리라는 기대
자체가 진정성을 파괴하니까요. 그냥 아무 계산 없이 상대의

마음에 제 마음을, 제 마음에 상대의 마음을 함께 놓아요. 그러기 위해서는 서로의 마음에 귀를 기울여 진심으로 열심히 들어야 하겠지요. 한번 눈을 감고 상상해보세요. 마음과 마음이 만난다는 것이 무엇인지, 서로의 마음이 하나되었을 때의 기분이 어떠할지를요. 그리고 주변을 돌아봐요.

어느 날 기차를 타고 가는데 옆자리에 앉은 세 살 정도 된 아이가 창에 매달려, 보이는 것마다 엄마에게 질문하더라고요. "이게 뭐예요?" "왜요?" 공감의 출발점은 관심인 것 같아요. 이미 알고 있다고 생각하면 아무것도 궁금하지 않잖아요. 보이는 것마다 새롭고 신기해서 호기심으로 눈이 빛나는 아이의 마음으로 주변에 관심을 기울인다면, 관심을 갖고 주변의 사물과 삶에 이름을 불러준다면 일상 속 모든 것이 특별한 의미로 다가올 거예요.

———◇◇◇———

우리는 어느 순간 하느님과 사랑에 빠지기보다 하느님에 대한 사랑에 빠진다. 이는 진짜 하느님이 아닌 우리가 품었던 사랑에 대한 느낌으로 만족하는 것이다. 사랑하는 대상을 사랑하기보다 사랑을 사랑하는 것이다.

마음과
　　마음이
　　만날 때

✳

살레시오 수녀들이 십대 소녀들과 함께 사는 집이 있어요. 학교
에 적응하지 못하거나 법원으로부터 일정 기간 수탁을 의뢰받
은 십대 소녀들이 행복하고 건강한 사회인이 될 수 있도록 돕
지요. 이곳에 여러 이유로 업소와 거리를 방황하던 한 아이가
있었어요. 한 수녀님이 끈질기게 쫓아다니다 데려온 것이었지
요. 그런데 이 아이는 이곳에서도 정착하지 못하고 또 가출을
했어요. 그럴 때마다 그 수녀님은 아이를 찾아 나섰지요. 아이
는 자기를 계속 따라다니는 이 수녀님이 너무 신기했다고 해요.
　하루는 수녀님이 자기 앞에서 눈물을 흘리는 것을 보고 의
아한 마음이 들었대요. '저 수녀님은 왜 자꾸 나를 찾아오는

걸까? 나를 데려가도 수녀님에게 득이 되는 게 없을 테고 내가 수녀님께 잘하는 것도 아닌데……' 아이는 도저히 이해되지 않아 수녀님께 도대체 왜 나를 자꾸 따라다니느냐고 물었대요. 그러자 수녀님이 측은지심이 가득한 눈으로 아이를 바라보며 이렇게 대답했다는군요.

"그것이 수녀란다."

아이는 '네가 소중하니까' '너를 위해서'라는 답이 나올 거라고 예상하고 있었답니다. 그래서 '그것이 수녀란다'라는 대답에 오히려 커다란 진정성을 느끼고 감동했다고 해요. 아이는 수녀님의 진심을 어디에서 찾았을까요? '그것이 수녀란다'라는 말이 왜 그토록 아이에게 충격이며 감동이었을까요?

수도자로서 살아가는 자신의 정체성에 대한 고백이며, 아이의 고통을 진심으로 나누고 싶고 또 그렇게 살겠다는 수녀님의 신념과 자비심의 표현이었기 때문이에요. 수녀님의 이런 진심어린 공감이 아이의 마음과 그대로 하나가 된 거예요. '네가 소중하니까' '너를 위해서'라는 말에는 '너'만 있고 '나'가 없어요. 공감이란 '너'의 처지만을 이해하는 것이 아니라 '나'도 그에게 이해받아야 해요. 그래서 '너'와 '나'의 마음을 나란히 놓는 거예요. 공감은 서로의 진심이 한자리에서 만나 통하는 것이기에 우리를 함께 행복하게 해주나봅니다.

미국 빈민가 출신의 유명 방송인 오프라 윈프리는 어린 시절 크리스마스 선물을 받는 건 생각조차 할 수 없을 만큼 가난했다고 해요. 그런데 어느 크리스마스에 처음 보는 수녀님 세 분이 찾아와 선물을 나누어주었대요. 그때 수녀님들이 보여준 사랑은 오프라에게 자신이 특별한 존재라는 것을 느끼게 해주었다고 해요. 오프라는 수녀님들에게서 받은 그 따뜻함이 너무나 소중하고 특별해서 자신도 때만 되면 고아원의 아이들을 초대해 선물을 나눈다고 해요. 그녀는 "다른 사람이 행복하면 나도 행복하다"라는 삶의 원칙으로 오늘을 산다고 하네요.

공감은 서로의 마음과 마음을 연결해주지요. 마음이 통하면 우리는 행복할 거예요. 우리, 상대의 마음자리로 가서 많이 공감해줘요. 내 마음을 열어 보여주어 많이 공감받아요. 그리하여 마음도 나누면 나누는 만큼 행복할 수 있다는 것을 우리 모두가 각자의 삶에서 계속 알아갔으면 좋겠네요.

—◇—

우리는 모두 하느님의 선한 모습으로 만들어진 공통 운명이다. 만나는 모든 사람이 '아름답고 선하다'는 확실한 믿음으로 친절하고 온유하게 다가가야 하는 이유다.

일상을 돌보는 마음영성 6

공감으로 영성 살기

• 인사와 미소부터

예일대학교의 연구 결과에 따르면 모든 감정에는 감염의 속성이 있는데 그중 미소가 전염성이 가장 강하다고 해요. 온화한 표정으로 살짝 미소 짓는 것만으로도 공감을 위한 좋은 출발이 될 거예요.

• 적게 말하고 많이 듣기

자기 말만 하고 남의 말을 잘 듣지 못하는 사람은 공감 능력이 떨어진다고 할 수 있어요. 잘 들어주는 사람이 편안한 이유는 그만큼 공감받고 있다고 느끼게 해주기 때문이겠지요.

• 상대방 입장에 서보기

주님께서 물으십니다. "너는 이 세 사람 가운데에서 누가 강도를 만난 사람에게 이웃이 되어주었다고 생각하느냐?" 율법교사는 대답합니다. "그에게 자비를 베푼 사람입니다." 그러자 예수님은 "가서 너도 그렇게 하라"라고 재촉하십니다.(루가 10:36-37)

자비심은 나로부터 다른 사람에게로 확장되어가는 사랑이지요. "기뻐하는 사람이 있으면 함께 기뻐해주고, 우는 사람이 있으면 함께 울어"(로마 12:15)줘요. 그러기 위해 잠깐의 여유와 마음의 여백이 필요해요. 이때 그 사람이 원하는 것이 무엇인지 알아만 주어도 공감받고 있다고 느낄 거예요.

오늘의 기도

이 세상 모든 인간에게

당신의 선함을 불어넣어주신 주님,

한결같이

우리의 마음에 거주하기를 원하시니

모든 이들 안에 계신 당신을 알아보게 하시고

그 어떤 강요나 힘이 아닌 오로지 사랑과 온유함으로

all by love, nothing by force

듣고 말하게 하소서!

3 아픔에게
아픔도 기도가 됩니다

이렇게 마음이 가라앉을 땐 이상하게 상처들이 떠오른다.
특히 남편이 내게 준 상처들이 떠올라 다시금 미움이 근질거리기 시작한다.
누가 지금 나의 마음을 건드리는 것일까?
'미움을 사랑으로 품는다.'
세월이 흐르면 어느 정도 할 수 있을 것 같았는데.
친구야, 마음 흘러가는 것이 오늘은 눈에 보였다.
이렇게 소용돌이치는 마음을 안고 가는 것이 삶인가?
온 마음에 주님을 담으면 편안할까?
아직 그렇게 해보질 못했으니 난 알 수가 없구나.
친구야, 나를 위해 기도해다오.

친구의 글을 받고는 '많이 아프구나, 아직도 아프구나' 싶어 한동안 가슴
이 먹먹했어요. 마음이 가라앉을 때 상처가 살아나지요. 멈추어 성찰하
는 순간 내 안에 꿈틀대던 의식과 잠자고 있던 무의식의 소통이 생기니
까요. 그래서 더 아파요. 하지만 친구는 자신의 '마음이 흘러가는 것'을
보았어요. 그리고 마음에 주님을 그리고 담고 싶은 소망을 품었지요. 그
런데 주님을 맞이하려 하니 자신의 마음에 아직도 꿈틀거리고 있는 상
처를 본 겁니다. 친구는 마치 예수님을 마음에 모시려고 자신의 마음을
청소하는 의식을 치르고 있는 것 같았어요.

예수님을 마음에 모신다는 건 완전한 용서와 완전한 화해 자체를 의미하지는 않을 거예요. 어쩌면 고통일지도 몰라요. 내면의 어둠을 주님의 빛으로 구석구석 바라보는 과정은 엄청난 아픔일 테니까요. 하지만 그럼에도 반드시 거쳐야 하는 의식이지요. 상처는 마치 성난 짐승과 같아 무관심 속에 방치해두면 언제 어떻게 공격해올지 모르니까요. 그러니 떠오르는 상처를 자책하거나 외면하지 마세요. 그저 잠시 멈춰 기도하면서 자라지 못한 아이 다루듯 많이 보듬어주고 사랑해주세요. 아이가 금방 자라지 않으니 어쩌면 그런 의식을 생각보다 자주 치러야 할지도 모르겠어요. 하지만 분명 어느 순간 미움을 사랑으로 품을 날이 올 거라고 믿고 희망해요.

친구야! 상처가 꿈틀댈 때마다, 미움이 솟구칠 때마다.
그렇게 사랑하고 싶어도 안 되는 너의 '마음' 안에 고스란히 주님을 담길 바란다.
주님을 담고 싶다는 너의 소망 안에 이미 주님이 계신다.
그러나 완전기쁨이나 완전화해는 평생 없을지도 몰라.
다만 '잠깐'은 찾아올 거야.
그 잠깐을 놓치지 말고 기억하렴.
그 잠깐의 기억이 곧 완전한 평화로 이어주는 다리가 되어줄 테니까.

지금
기쁘지
않다면

✳

가끔 저는 '내가 표현하는 감정이 진짜 솔직한 내 감정일까?'라는 생각을 할 때가 있어요. 가만히 바라보다가 내면의 결핍과 상처에서 오는 부정적인 감정이라는 것을 알아채곤 하지요. 그리고 대부분 제가 기쁘게 살지 못하게 하는 원인이 되더라고요. 밤마다 저 자신을 성찰할 때나 사제에게 고해성사를 할 때, 저의 주된 잘못이 솔직함이라고 착각한 부정적 감정 표현이라는 것을 알게 되었지요. 수도자로서 신앙인으로서 신심생활을 하는 데 가장 큰 장애물은 바로 기쁘지 않다는 거예요. 그리고 그 원인은 제 안에서 요동치는 불평과 불만, 분노와 원망, 우울과 절망 같은 부정적인 감정이라는 생각이 들어요.

신심이란 무엇일까요? '신심'이라고 하면 흔히 두 손 모아 오랫동안 기도하는 모습이나 신비롭고 종교적인 의식을 떠올리곤 합니다. 그러나 프란치스코 살레시오는 "참된 신심이란 자신의 임무를 즐겁고 기쁘고 사랑스럽게 수행하는 것"이라고 말해요. 하느님의 사랑이 내 안에 들어와 자신의 임무를 즐겁고 충실하게 이행하고 일상을 유쾌하게 보낼 수 있는 영혼의 능력을 키워가는 것, 이것이 참된 신심이라는 거지요.

특히 '기쁨'은 하느님을 사랑하는 신심의 표지가 돼요. 그런데 이 기쁨의 감정을 호시탐탐 노리며 잡아먹으려는 것이 바로 부정적인 감정이에요. 물론 부정적 감정 자체가 나쁜 것은 아니에요. 부정적 감정은 생존을 위한 중요한 에너지이니까요. 그런데 그것이 자연스럽게 흘러가지 못하고 고착되면 마음의 원활한 흐름을 막아버려 유연하게 생각하고 성찰하는 마음의 힘을 마비시키고 마음 가는 대로 행동하지 못하게끔 하지요. 그래서 가끔 저는 저의 기쁨을 가로막는 감정의 뿌리가 무엇인지 성찰해요. 그럴 때마다 저에게 되뇌곤 합니다.

'넌 정말 기쁘게 살고 싶은 거야. 그렇다면 변할 준비가 되어 있니?'

그러면서 일단 제 마음속 부정적 감정의 흐름을 관찰해봐요. 통제하기 어려워 폭발하고 마는 감정 속에서 진하게 배어

나는 저만의 상처를 연민의 시선으로 바라보면서요. 그 순간 누군가의 도움이 필요해요. 저보다 더 저를 사랑하시는 하늘에 계신 그분의 도움이요. 순환하지 못해 정화되지 않은 감정의 에너지를 그분께서 어루만지시고 변화시키시도록, 마치 중병에 걸려 병원에 갔을 때 의사의 손에 몸을 맡기듯 그렇게 제 영혼을 그분께 맡깁니다. 그러다보면 격정적이고 부정적인 감정의 에너지가 열정적이고 긍정적인 사랑의 에너지로 변화되는 것을 체험하게 돼요.

———◇———

비둘기는 기쁠 때나 고통스러울 때나 똑같이 구구 소리를 낸다. 높은 영적 단계에 있는 사람은 이와 유사하다. 좋은 날이나 궂은날이나 밝을 때나 어두울 때나 기쁠 때나 슬플 때나 언제나 한결같이 감사하며 같은 모습을 보인다.

자꾸
　　　화가 나요

✳

어떨 때 화가 나나요? 남편이 늦게 들어올 때, 아이가 공부하
지 않을 때, 시어머니가 잔소리를 할 때, 친한 친구가 나를 무
시할 때, 직장 상사가 안 좋은 평가를 내릴 때……. 화와 분노
는 너무도 흔하게 경험하는 감정이에요. 그만큼 화가 나는 상
황과 자극은 우리의 일상에서 무수히 다양하지요. 하지만 가
만히 생각해보세요. 결국은 내가 이해받지 못할 때, 공감받지
못할 때, 내가 기대했던 반응이 아닐 때, 믿었던 신뢰가 깨졌을
때 화가 나고 분노가 솟구칠 거예요. 그런데 왜 그들이, 그 상
황이 내 기대와 믿음과 예측에 맞게 행동하고 돌아가야만 할
까요?

심리학자 앨버트 엘리스Albert Elis는 잘못된 믿음이 잘못된 감정을 유발한다고 해요. 그러니까 상대의 잘못이나 상황의 문제라기보다, '반드시 이러이러해야만 한다'고 생각하는 믿음이 우리를 그토록 화나게 한다는 것이지요. 우리는 너무나 당연하게 상대가 내 기대대로 반응하고 행동해야 한다고 생각하는 것 같아요. 너무나 당연하게 상황이 내 예상대로 돌아가야 한다고 기대하고요. 의식적으로는 그러지 않을지라도, 솔직하게 스스로를 돌아보면 그러더라고요. 무의식적으로 거의 당연하게 '저 사람은 이러이러해야 해' '이 상황은 이러이러하게 진행돼야 해'라고 이미 나만의 기대와 예측을 설정해놓고 있지요.

그러고는 '어떻게 저럴 수 있지?' '네가 나를 화나게 했어'라며 상대방에게 탓을 돌리고요. 심지어 '상황이 도대체 왜 이런 거죠?' '왜 기도를 들어주시지 않지요?'라고 하느님께 화를 내며 하느님을 탓하기도 해요. 꼭 그래야만 한다는 신념과 가치, 기대와 기준이 우리를 감정의 노예로 만들어 분노에 지배당하게 하는 거지요. 그렇기에 우리가 무엇을 믿고 있는지를 성찰하는 것은 매우 중요하다는 생각이 들어요. 분노의 감정은 나의 믿음과 기대가 과연 타당한지 재볼 여유도 없이 비수처럼 날아가 누군가의 가슴에 상처를 남겨요. 그러면 상대방만 아픈 게 아니고 상대를 찔러댄 나의 가슴도 상처받아 아파요.

그렇다면 분노를 공격적이지 않게 표출하는 방법은 없을까요? 우리 안의 화를 어떻게 돌보고 다루어야 할까요? 살레시오는 "분노는 마치 뱀과 같아서, 뱀이 작은 틈이라도 머리만 쑤셔넣으면 쉽게 들어갈 수 있듯이 분노 역시 틈새만 주면 곧 그 사람을 지배한다"라고 말했어요. 정당한 분노일지라도 품고 있지 말라는 거예요. 실수를 저질렀으면 곧바로 그 자리에서 인정하는 것이 최선이듯이, 분노 역시 빨리 털어버리는 것이 좋겠지요. 그렇다고 화난다고 화내고 골난다고 삐치면 마음이 편해질까요? 오히려 화가 나는 대로 그냥 내버려두면 화는 걷잡을 수 없이 커질 수도 있어요. 화를 억제하는 것도 마구 쏟아내는 것도 해결책이 아니겠네요.

분노는 마음의 상처에서 오지요. 그러니 일단 화가 난다는 사실을 그대로 인정해요. '아, 참 속상하구나.' '정말 화가 나는구나.' '속에서 화가 부글부글 끓어오르는구나.' 이렇게 내 안의 화를 인정하는 거지요. 마음이 조금 진정된다면 자신에게 반문해요. '왜 그 사람이 꼭 나의 기대에 맞게 행동해야 하는가?' '왜 이 상황이 내 예상대로 돌아가야 하는가?' '이러이러해야 한다'는 주장이 지금 나를 옭아매고 있는 함정이라는 것도 알아채면 좋아요.

"온유함으로 노여움을 이겨라"라는 말이 있어요. 분노가 일렁이는 마음 한편에 '온유, 온순, 유화로움, 부드러움'이라는 말을 스스로에게 되뇌면서 '화내는 것을 나는 싫어해' '부드럽고 온유한 게 나는 좋아'라고 자신에게 진심으로 말해주세요.

————◦◇◦————

분노가 치밀어 마음이 흔들릴 때 성경 장면(마르 4:35-40)을 떠올리자. 호수 한복판에서 폭풍을 만났던 사도들이 주님께 도움을 청하자 우리 주님께서 바람을 꾸짖으신다. "잠잠해져라. 조용히 하여라!" 즉시 분노가 사라지고 마음에 평화가 찾아올 것이다.

불평이
생길 땐

어떻게
할까요?

✳

두 종류의 사람이 있어요. 드넓은 하늘 끝에 작게 걸쳐진 먹구름으로 불안해하는 사람이 있는가 하면, 짙게 드리워진 먹구름 속에서도 한 줄기 빛을 보고 즐거워하는 사람도 있어요. 비가 와도 걱정, 오지 않아도 걱정이라는 사람이 있고, 번개와 폭풍이 몰아쳐도 내일을 희망하는 사람이 있지요. 언제나 '이왕이면 더!' 하며 사는 사람이 있는가 하면, 매사에 '이 정도면 충분해!' 하며 사는 사람도 있고요.

불평은 감사함을 앗아가고 기쁨을 마르게 해요. 삶의 윤기를 잃게 하고 신심을 자라지 못하게 하고요. 불평하면 안 된다는 걸 아는데, 감사하며 살아야 하는 것도 아는데 왜 자꾸 불평하게 되는 걸까요? 도대체 불평의 뿌리는 무엇일까요?

우울과 불안이 지속되다보면 부정적인 감정이 마음을 채워요. 집중도 안 되고 활력도 떨어지고 쉽게 피곤해지고요. 아침에 눈을 뜨면서 시작되는 하루가 무의미하고 공허해요. 그래서 인내하는 것이 점점 어려워져요. 인내하지 못하니 쉽게 불평하게 되고요. 때로 불평은 내가 옳다는 확신, 나는 정당하다는 주장, 인정받고 싶고 보상받고 싶은 병리적인 자기애에서 비롯되지요. 나는 옳고 정당하고 당연히 인정받고 보상받아야 하는데 사람들도 현실도 그렇지 않으니 불평이 나오나봐요.

이렇든 저렇든 결국 불평의 뿌리는 상처받고 병들고 아픈 마음이겠지요. 그렇기에 전 불평이 올라올 때 '아, 나를 보살피고 성찰하라는 신호구나'라는 생각을 해요. 지금 나에게 오는 이 불안의 정체가 무엇인지, 무엇 때문에 억울하고 부당하다 생각하는 건지 돌아보려고 해요. 프란치스코 살레시오는 우리가 "마음의 고요를 잃고 격분하여 불편한 가시를 빼려고 불평하지만, 오히려 발바닥이 깊게 찔려 더 큰 고통을 겪게 된다"라고 해요. 억울하면 억울하다고, 아프면 아프다고, 불편하면 불편하다고 소리지른다고 해서 가시가 빠지지 않잖아요. 오히려 더 아프더라고요. 그래서 어디가 어떻게 억울하고 아프고 불편한지 잠깐 깊은숨을 내쉬고 버티는 시간이 필요해요. 그러면서 박힌 가시를 어떻게 빼낼 수 있을지 차분하게 상황을 바라봐요. 물론 마음속 불평을 한순간에 누를 수는 없을 거예요. 어쩌면 불평은 절대 안 할 수 있는 것은 아닌가봐요. 살레시오도 '절대' 불평하지 말라는 게 아니라 '가능하면 적게' 하라고 하니 조금은 위로가 되네요. 그저 조금씩 조금씩, 하나씩 하나씩 노력하는 것이죠.

그러니 부정적인 감정이 자신을 덮치려 할 때 그냥 굴복하지는 마세요. 그렇다고 흥분해서 당장 없애려 하지도 말고요. 그냥 잠깐만 아주 잠깐만 멈춰 올라오는 감정을 바라봐요. 그리고 기도해요. 두 손만 모아도, 잠시 침묵 속에 머물기만 해도 홍수처럼 범람해오던 뜨거운 감정의 끝자락에서 평화와 고요를 느낄 수 있어요. 무엇보다 기도는 '나'에게 쏠렸던 시선이 상대에게로 옮겨가면서 하느님의 뜻을 헤아려볼 수 있는 행복한 여백을 만들어줘요.

우리의 그 어떤 감정도 나쁜 것은 없어요. 그렇기에 없애야 할 감정도 없고요. 설사 불편한 감정이라 해도요. 다만 그 감정이 가슴을 뚫고 안전하게 지나가도록 운전대를 잘 잡고 가다보면 희망의 문을 열어주는 강력한 에너지로 변화하리라 믿어요.

───◇◇◇───

예수님의 고난에 참여하는 행위는 무엇을 하지 않는 것이 아
니라 무엇을 더 많이 할 수 있는지를 찾는 것이어야 한다.

긍정 마인드로 영성의 길 걷기

부정적인 감정을 긍정으로 바꾸면 '덕'이 되지 않을까요? 덕은 부정적인 감정을 참고 억누르는 것이 아니고, 자신의 부족함을 메우고 선을 실천하는 적극적인 대응이지요. 그래서 덕은 부정적인 기질에 대응하는 의지가 되고요. 그렇기에 덕은 구체적이고 실천적이면 좋겠지요.

우선은 평소 자신이 잘하지 못하는 것에 신경쓰기보다 잘할 수 있는 것을 찾아 노력해요. 자신의 결점을 고치려 힘들게 애쓰기보다 자신이 할 수 있는 일을 찾아 성취감을 느껴보는 게 어떨까요?

• 결점 발견하기

우선 나의 결점이 무엇인지 알아야겠지요. 평소 사람들로부터 자주 지적받거나 사람들을 불편하게 하는 것에 무엇이 있나요? 저는 칭찬에 인색하다는 지적을 받은 적이 있어요.

• 원인 찾기

왜 그럴까를 곰곰이 생각해봤어요. 제가 '좋아요' 할 때 진짜 좋다는 감정이 전달되지 않은 것 같았어요. 저의 깊은 무의식에 '뭐, 그 정도로' 하는 교만함이 있기도 했던 것 같고요.

• 태도 바꾸기

교만한 마음을 당장 바꾸는 건 어려워요. 그렇다면 태도만이라도 달리 해보는 거지요. 상대방이 기뻐할 수 있는 말이라면 조금 더 적극적으로 표현해보는 거예요. 그러니까 그냥 '좋아요'가 아니라 목소리도 경쾌하게, 표정도 밝게, 손짓도 힘차게 하는 거예요. 그런데 한번 해보니까 정말로 '좋다'라는 감정이 상대방뿐만 아니라 제 마음까지 온전히 밝혀주는 느낌이 들었어요.

• 결심하기

'고마워요' '잘했어요' '감사합니다'라는 말을 자주 하는 동시에 진심으로 그 말과 표정이 일치하도록 해요.

· 실천하기

상대방이 기뻐하는 모습을 보니 정말 제가 아래로 내려가는 듯한 겸손을 체험했어요. 이런 작은 덕행은 무엇보다 자신을 행복하게 해주지요. 겸손은 내려가는 것 같지만 올라가는 것이라는 것도 깨달았어요.

오늘의 기도

주님,

고통 자체에는 아무런 의미가 없습니다.

그러니 몸을 괴롭히면서

무언가를 '하지 않는' 외적 고행보다,

이웃과 하느님께 다가가

무언가 '할 수 있는' 작은 덕행을 실천하게 하소서.

그리하여 고통도 기쁨도, 괴로움도 즐거움도,

우리에게 오는 그 모든 상황과 감정 속에서

당신을 만날 수 있기를, 그렇게 되기를 간절히 기도합니다.

고통이
두렵습니다

*

작고하신 소설가 박완서 선생은 장성한 아들을 잃고 한때 매우 방황하였다고 해요. 극도로 화를 내며 십자가를 내던지기도 했다지요. "왜 나에게 이런 고통을!"이라고 부르짖으며 하느님께 대들기도 했다는군요. 그런데 어느 날 누군가 그녀에게 이렇게 되물었다고 해요. "왜 당신이라고 그런 일을 당하면 안 되는가요?" 벼랑 끝에 서 있는 사람을 떠미는 잔인한 말이지요. 그런데 박완서 선생은 놀랍게도 그 고통스러운 질문에서 새로운 전환점을 찾게 돼요. '그래, 왜 나라고 이런 고통을 당하면 안 되는가?' 그녀는 스스로에게 이렇게 되물음으로써 성찰을 이뤄내지요. 저 같으면 당신이 나와 같은 고통을 당했다면 감히 그런 말을 할 수 있겠느냐며 더 큰 상처를 받았을 것 같은데, 역시 큰사람은 다르구나 싶어요.

박완서 선생의 일화를 보면 고통 자체는 어쩔 수 없지만 그 고통을 어떻게 해석하고 받아들이느냐에 따라 새로운 희망을 일궈낼 수 있음을 알게 돼요. 누군가 선생에게 "고통을 어떻게 극복하세요?"라고 묻자 선생은 이렇게 대답했다지요. "고통은 극복하는 것이 아니라 견디는 것입니다." 그렇지요. 고통은 힘겹게 극복해내는 것이 아니라 잘 견뎌야 하는 것입니다. 하지만 아무리 마음을 다잡고 있어도 고통은 한순간에 거대한 쓰나미처럼 밀어닥쳐 모든 것을 뒤흔들며 상처를 남기지요. 그렇다고 무작정 고통을 두려워하며 살 수는 없잖아요. 고통을 두려워하면 할수록 더 큰 고통이 따르는 법이니까요.

저는 치과에 가기 전에 수없이 망설입니다. 이를 빼고 그 자리에 인공 뿌리를 박아 보철물을 넣는다는 게 끔찍해서 거의 1년을 통증과 함께 버틴 적도 있을 정도예요. 그러다 더는 안 되겠다 싶어서 결국 치과에 가게 되었죠. 그런데 불과 일주일 안에 모든 것이 해결되었고, 생각했던 것만큼 통증이 심하지도 않았어요. 오히려 치과에 가기 전에 상상하면서 두려워했던 그 시간들이 더 고통스러웠지요.

고통은 직면하지 않으면 마음속에서 계속 더 크게 부풀려져 배가돼요. 두려움은 고통을 키우는 양분이니까요. 그러니 막연히 고통을 두려워하기보다 그저 주어진 일상을 즐겁게 살아가려 노력하는 것이 최선이 아닐까 싶어요. 그렇게 평상심을 키워나가다보면 고통에 쉽사리 정복당하지 않고 어느 순간 두려움은 힘을 잃게 될 거예요.

행복이 고통이 없는 상태는 아닌 것 같아요. 때로는 즐거움이, 또 때로는 비참할 정도로 찾아오는 수치심과 고통이 뒤범벅되어 일상으로 스며들지요. 그럴 때마다 주어진 삶의 순간순간을 밀쳐내기보다 받아들이려고 노력하는 것이 고통을 견뎌내는 최선의 방법이라는 생각이 들어요. 어쩌면 고통은 두려워해야 할 대상이 아니라 끌어안아야 할 친구일지도 모르겠어요.

———◇———

벌들은 매우 쓴 음식을 먹으면서 꿀을 만들어낸다. 우리 역시 고통의 빵을 먹으면서 온유와 인내의 꿀을 만들어낸다.

왜 나에게
이런
고통이!

✳

고통이 찾아오면 우리는 다른 누군가를 원망하거나 스스로를 자책하거나 하느님께 억울해하지요. '도대체 내가 무슨 죄를 지었기에?' '하느님은 정말 계시는가?' '고통의 끝은 어디일까?' 하면서요.

오래전에 들었던 이야기예요. 한 수도자가 살 썩는 냄새가 진동하는 병실에서 다리가 잘린 채 아파하는 환자를 보고 몹시도 괴로웠다고 해요. 그 수도자가 수도원으로 돌아와 기도를 하다가 별안간 무슨 생각에서인지 벌떡 일어나더랍니다. 그리고 십자가를 향해 삿대질을 하면서 이렇게 소리를 지르더래요. "야, 이 ××야, 거기 그렇게 있지만 말고 좀 내려와서 어떻게 해봐! 당신이 정말 그리스도 맞아?" 그러더니 그만 주저앉아 엉엉 울더라는 겁니다. 감히 예수님께 삿대질을 하다니요. 게다가 욕까지 하면서 말이에요. 그런데 저에게는 이 수도자가 참으로 존경스럽고 아름답게 느껴지는 이유가 무엇일까요? 그의 분노는 어찌 보면 또하나의 생생한 신앙 고백이 아닐까요?

고통에 대한 분노와 원망으로 신의 존재 여부를 의심하며 하느님께 덤비는 모습은 성경에서도 볼 수 있어요. 「욥기」에서 하느님을 섬기며 올바르게 살던 욥은 사탄의 시기로 엄청난 고통을 겪게 돼요. 재산을 잃고, 자식도 잃고, 심지어 중병까지 앓게 되지요. 욥의 아내는 하느님을 저주하고 죽어버리라며 울부짖고요. 그러나 욥은 "우리가 하느님에게서 좋은 것을 받았다면 나쁜 것도 받아들여야 하지 않겠는가"라며 묵묵히 고통을 수용합니다. 그런데 욥을 위로하겠다고 찾아온 친구들이 "고통은 죄의 결과"라고 주장하며 지금 욥이 이렇게 고통받는 것은 욥의 죄 때문이라고 공격하자, 욥은 자신의 결백을 주장하며 하느님께 원망과 쓴 마음을 쏟아놓고 말지요. 마침내 하느님은 욥의 결백을 인정하시면서 의인도 고통받을 수 있음을 보여줍니다. 그러나 '고통은 왜?'라는 질문에는 답이 없으시네요.

고통에 대한 그 어떤 시원한 답도 주시지 않는 하느님 앞에 욥은 깨끗하게 무릎을 꿇어요. 그저 자신의 눈으로 하느님을 뵌 것만으로 충분했기 때문이지요. 그는 하느님 앞의 자신이 얼마나 작은 존재인지를 깨닫고 먼지와 잿더미에 앉아 참회해요. 욥은 분명 의인이지요. 하지만 고통이 찾아들기 전에는 하느님을 제대로 알아보지 못했던 것 같아요. 결국 고통을 통하여 욥은 진짜 하느님을 만난 겁니다.

우리는 언제 하느님을 체험하나요? 부족함 없는 풍요로운 순간은 아닐 거라는 생각이 들어요. 저만 봐도 고통스러울 때 마구 원망하면서도 절실하게 하느님을 찾아요. 그렇다고 하느님이 고통중에만 계시는 것은 아닐 텐데 말이에요. 아마도 고통중에 하느님은 우리를 더욱 아끼시는 게 아닐지요. 부모가 아픈 손가락인 자녀에게 더욱더 마음을 쓰듯 말이에요. 그렇기에 고통받는 이는 하느님의 돌보심과 사랑을 평소보다 더 절절히 느끼게 되나봅니다. 고통에는 답이 없는 것 같아요. 고통은 사고와 논리로 해석할 수 있는 것이 아니니까요.

누군가 불치병에 걸려 1년 정도 살 수 있다는 진단을 받았다면 그 순간 그에게 "다행이야! 그래도 1년이라는 시간이 있어서"라는 말이 위로가 될까요? 한 어머니가 아들을 잃고 꺼억꺼억 울고 있는데 "주님께서 당신 아들을 사랑하셔서 데려가셨습니다"라고 말하면 이해가 될까요? 재산을 다 날리고 빚더미에 앉게 된 친구에게 "그래도 너는 건강하잖아! 돈은 또 벌면 되지"라고 말한다면 편해질까요? 고통은 상황과 상관없이, 이리저리 잣대로 재는 그 어떤 기준도 없이, 그냥 고통스러운 것이겠지요.

영국의 학자이자 소설가인 C. S. 루이스Clive Staples Lewis는 『고통의 문제』라는 책에서 "하느님은 우리를 사랑하기에 고통을 선물로 준다"라고 말합니다. 그런데 그의 나이 오십이 다 되어 사랑하는 여인을 만나 결혼을 하게 됐는데 그녀가 그만 골수암 판정을 받고 몇 년 만에 죽게 돼요. 그후 루이스는 다른 책에서 이렇게 절규합니다.

"하느님은 어디 계시나? 왜 그분은 이토록 인색한가? 내가 바보였어. 구하여도 얻지 못하는 것을!"

그런데 저에게는 '고통은 선물'이라는 아름다운 말보다 '내가 바보였어. 구하여도 얻지 못하는 것을'이라는 비탄이 더욱 큰 울림이 되는 이유는 무엇일까요? 고통에는 어느 누구도 명쾌한 원인과 해답을 제시해줄 수 없어요. 그저 살아 있기에 겪는 진한 삶의 일부일 뿐이지요. 고통은 그 어떤 것도 답이 될 수 없는 그저 생생한 '삶'입니다. 그렇기에 심오한 철학이나 신학 이론보다, 처절하지만 진실한 한 인간의 외침이 우리의 마음을 움직이고 하느님을 찾게 하는 것 같아요. 그래서인지 자신의 탄생을 저주하는 욥의 절규와 하느님의 부재에 절규하는 루이스의 비탄이 더 큰 감동을 줍니다.

———◇◇◇———

우리의 단식이 단지 입에 들어가는 음식이나 마실 것을 빼앗는 행위에 한정되어서는 안 된다. 유혹을 따라가는 눈, 허황된 것을 담는 귀를 단속하고 남에게 상처 주는 비방은 아예 혀에 올리지 말라. 헛된 생각과 기억들, 불필요한 탐식을 의지적으로 포기하라. 그러나 우리의 고행은 보이기 위한 것이어서는 안 되며 단지 하느님의 시선 안에 머물러야 한다.

죽음이
두렵습니다

✳

저에겐 결코 잊을 수 없는 '죽음'이라는 엄청난 실체를 맞이한 경험이 있어요. 십여 년이 지난 지금도 생각만 해도 온몸이 저리고 슬픔이 응어리로 얼어붙는, 그런 감정이 느껴져요.

그날, 전화벨이 울리면서 언니의 다급한 목소리가 들렸어요. 순간 온몸이 떨리고 가슴은 먹먹해지고 하늘이 무너지는 듯했어요. 어머니가 위급하다는 통보였어요. 병원까지 가는 데 족히 네 시간이 넘게 걸렸지요. 멀리 떨어져 있는 저의 처지가 참으로 원망스러웠어요. 버스를 타고 가는데 또 전화가 울렸습니다. "어머니가 못 기다리실 것 같은데……." 언니의 흐느낌에 "안 돼!" 하는 소리가 목구멍에 걸리고 눈물을 삼키느라 가슴은 터질 것 같았어요. 울음을 참는 것이 그토록 고통스러운지 몰랐어요. 정신없이 택시를 잡아타고 호스피스 병동에 들어섰지요. 어머니는 마지막 숨을 힘겹게 몰아쉬고 계셨고요. 저의 마지막 인사를 기다리셨는지 어머니는 제가 도착한 지 얼마 되지 않아 가쁜 숨을 몇 번 내쉬시더니 그만 숨이 뚝 멈추고 말았습니다.

"숨 한번 끊어지면 흙으로 돌아가고 그때에는 모든 계획이 사라진다"(시편 146:4)라는 말씀이 사무치도록 실감나더군요. 인생이 참으로 허망했습니다. 숨 한번 끊어지니 정말 모든 것이 끝나고 말았어요. 가족들은 애통함에 오열하기 시작했고, 저 역시 어른이 되어 처음으로 어린아이처럼 목 놓아 울었지요. 한동안 진한 상실감과 슬픔에 몸과 마음의 진통을 온전히 감내해야 했고요. 어머니의 죽음을 생각하는 지금 이 순간에도 먹먹함이 가슴을 치고 머리끝으로 올라가 신경줄이 팽팽해지는 느낌입니다.

우리는 모두 죽습니다. 죽지 않은 것이 살아 있는 것은 아니라는 생각이 드네요. 산다는 것은 죽어가는 것이니까요. 왜 이토록 죽음이 원망스럽고 죽음을 받아들이기 어려운 것일까요?

두려움 때문이 아닐까 싶어요. 죽음 이후의 삶을 알 수 없어

두려운 것이겠지요. 우리는 언젠가 죽는다는 걸 알고는 있지만 죽음을 공감하거나 상상할 수조차 없어요. 죽음은 우리가 지각할 수 있는 영역을 넘어서는 것이니까요. 죽으면 정말 끝인가요? 우리의 영혼은 어떻게 되나요? 주변의 어느 누구도 죽었다 다시 살아난 자가 없으니 알 수 없고, 저 역시 죽어보지 않았으니 모르겠어요. 어두운 밤거리가 무엇이 있는지 보이지 않기에 두려운 것처럼, 죽음도 보이지 않으니 믿기 어렵고요.

또한 죽음은 사랑하는 사람과의 이별이기에 두렵고 슬퍼요. 저는 어머니를 더이상 볼 수 없다는 현실 때문인지 아직도 꿈속에서 엄마를 찾아 헤맬 때가 있어요. 가끔은 엄마가 잠시만이라도 다시 와주었으면 하는 생각을 해요. 하고 싶은 말도 있고 꼭 안아드리고도 싶어요. 사실 수녀원에 들어와 어머니와 꽤 오래 헤어져 살았는데도 같은 하늘 아래 없다고 생각하니 왜 이리도 애틋하고 그리운 것일까요? 희망이 없어서겠지요. 더이상 어머니와 이야기하고 얼굴을 마주보며 웃고 함께 밥을 먹는 소소하지만 행복한 삶의 순간들을 만들 수 없기 때문이겠지요. 같은 하늘 아래 숨 쉬고 있지 않다는 것이, 이제 육신으로는 마주하며 어머니를 만질 수 없다는 사실이 너무도 슬프네요.

지인의 아버지가 죽음을 앞둔 채 가족을 모아놓고 이렇게 물으셨다고 해요. "우리 가족이 언제 또 만날 수 있을까?" 또 만날 것이라고 가족들이 대답하자 아버지는 서글픈 표정을 지으시며 힘없는 목소리로 되물으시더라는 겁니다. "그때가 언제일까?" 사랑하는 사람과 더이상 함께할 수 없기에, 이 땅에서의 영원한 이별이기에, 죽음은 두렵고 원망스러운가봅니다.

———◇◇◇———

우리는 죽음에 대해 아는 것이 아무것도 없다. 단 두 가지는 확실하다. 하나는 한 번은 죽어야 한다는 것이고 또하나는 그날이 우리의 예상보다 빨리 올 수도 있다는 사실이다.

이별에
대처하는
　　우리의
　　자세

✳

죽음 하면 떠오르는 영화가 있어요. 타키타 요지로 감독의 영화 〈굿바이〉는 죽음을 보여주면서 삶을 이야기해요. 도쿄 무대에서 활약하던 첼리스트인 주인공은 오케스트라가 경영난에 봉착하여 해체되면서 직장을 잃고 고향으로 돌아오지요. 그는 '여행 도우미를 찾습니다'라는 광고 문구가 마음에 들어 찾아갔다가 납관사가 돼요. 첼로를 만지던 손이 시체를 만지는 손으로 변한 것이지요. 그는 염습의 과정에서 첼로를 연주하면서는 깨닫지 못한 인생을 알게 돼요. 그렇게 그는 삶은 잠시지만 죽음은 영원하다는 믿음으로 '좋은 이별'을 위한 아름다운 배웅을 하는 행복한 납관사로 변신하지요. 영화 중간에 납관회

사 사장이 주인공에게 이런 말을 해요.

"우리는 살아가기 위해 음식을 먹는다. 그런데 그 음식은 모두
남의 시체다. 그러니 먹을 바에야 맛있게 먹어주자."

우리가 살기 위해 죽은 것을 먹듯이 우리는 누군가의 삶을
위해 죽는 것은 아닐까요? 결국 죽음은 남은 자를 위한 축복
이며 사랑이 아닐까라는 생각을 하였지요.

그리스도를 믿는 신앙인은 죽음 이후에 부활하리라는 것을
믿지요. 우리가 "천사들과 같아져서"(루가 20:36) 새로운 천상낙
원의 삶을 누리게 되리라 희망하면서요. 그래서 죽음에 절망하
지 않고 다른 세상에서 꼭 만나리라는 희망으로 사랑하는 사
람을 보내고자 해요. 그럼에도 믿어야 할 것을 믿지 못하는 것
이 또한 우리의 한계이기도 하고요. 그렇기에 죽음을 준비해야
겠다는 생각이 들어요. 행복한 마음으로 사랑하는 이를 떠나
보내기 위해, 그리고 나 자신이 잘 떠나기 위해 죽음을 좀더 명
쾌하고 경쾌하게 받아들이는 연습을 하면 좋겠지요.

우리는 홀로 떠날 수밖에 없다는 사실을 받아들일 수밖에
없어요. 우리는 모두 혼자 죽어요. 재벌도 성인도 모두 혼자 떠

나지요. 홀로 감내하는 삶의 방식을 찾아야 할 것 같아요. 누군가 해주리라는 기대를 버리고 홀로 서는 연습이 필요해요. 혼자 걷고, 혼자 명상하고, 혼자 여행하면서 '외로움'을 '평화'와 '사랑'으로 이끌어내는 방법을 스스로 터득하면 좋겠어요. 누군가를 떠나보내거나 내가 혼자 남더라도, 의존하지 않고 자유롭게 떠나도록 말이에요.

잘못된 의존은 자칫 원망과 야속함으로 스스로를 더 고립시키지요. 의존은 '함께'가 아니라 고립된 '따로'이니까요. 그러니 '함께하는 홀로'의 삶을 살고 싶어요. 그 사람 없이는 못 살아, 그 사람이 아니면 안 돼······. 이런 식의 의존적인 기대에서 벗어나서 스스로 서로의 짐을 짊어지고 동시에 혼자 지고 갈 수 있으면 좋겠어요. 살아생전에 아내와 남편, 부모와 자녀의 역할이 따로 있는 것도 아니니 그저 필요할 때 돕고 수용하고 포기하며 사는 연습을 했으면 해요.

이별하는 그 순간이 죽음의 순간이라는 것도 인식하려고 해요. 우리는 매일 삶의 한 부분을 잃어가니까요. 재산이나 직책을 잃을 때, 평생 쌓아온 믿음과 신념이 흔들릴 때, 나의 신체 일부가 약해지거나 병들 때, 사랑하는 사람과 헤어질 때, 믿었던 친구가 배신할 때, 부지런히 이뤄놓은 성과가 무너질 때, 사람들이 나의 신념과 가치대로 움직여주지 않을 때······. 이런 모든 순간이 이별의 과정이자 또하나의 죽음이잖아요.

그러니 매 순간 이별하는 연습을 해야겠어요. 매일매일 이런 순간들에 어떻게 대처하느냐에 따라 마지막 죽음의 순간도 그렇게 맞이할 테니까요. 친구가 배신하고 사랑하는 사람이 떠났을 때 분노와 화로 복수의 날을 갈며 그렇게 몇 달이고 몇 년이고 지내게 된다면 마지막 순간 죽음이 찾아올 때 죽음과도 역시 화해하기 어려울 거예요. 물론 이별의 순간 긴 어둠의 터널을 반드시 거칠 수밖에 없겠지요. 그 터널을 용서와 화해, 평화의 빛으로 빠져나왔으면 좋겠어요. 매일의 상실과 어떻게 화해하며 살아가느냐가 곧 마지막날 나의 모습이 될 테니까요.

———◇◇◇———

우리는 모두 세상과 이별할 때가 온다. 그리고 그대가 다른 이들에게 그러한 것처럼 사람들도 서둘러 당신의 장례를 치르고 "주님, 이 영혼에게 영원한 안식을 주소서"라고 기도하는 것으로 모든 것을 끝낼 수도 있다. 그러니 끝내야 할 관계에 매달리기보다 영원으로 이어지는 거룩한 우정으로 오늘을 살자.

산 대로
죽습니다

✳

프란치스코 살레시오는 죽음이 찾아왔을 때 성인들은 어떻게 죽음을 맞이했는지 들려줍니다. 성 안토니오는 성모님께 찬미가를 부른 다음 주님과 대화하면서 죽었고, 성 토마스는 두 손을 모으고 하늘을 우러러 성경 말씀을 외치다가 죽었다고 합니다. 또한 어떤 성인은 두 무릎을 꿇고 기도하다가, 또 누구는 사랑에 대한 설교를 하다가, 누구는 탈혼중에 거룩한 성사를 영한 직후에 죽음을 맞이했다고 해요. 반면에 아무런 준비 없이 간 성인들도 있어요. 졸도하여 혼수상태로 이성을 상실한 채로 떠나거나, 광란중에 갑자기 질식하여 떠난 성인도 있고, 벼락을 맞아 집에 깔려 죽은 성인도 있고요. 그렇다면 이들은 죽음을 제대로 준비하지 못했던 걸까요?

살레시오는 그렇지 않다고 해요. 죽음 준비란 죽기 직전의
상황을 말하는 것이 아니라는 거예요. 박학한 사람이 잠자는
동안 학식을 잃고 무식한 사람이 되어 깨어나지 않듯이, 살면
서 쌓은 성덕은 고스란히 그 사람 안에 있다는 것이죠. 삶과
죽음은 하나의 통로이니까요. 살아생전에 행한 그의 선행을 우
리에게 고스란히 남겨주었으니 그가 걸어갔던 길을 우리가 지
금 걷고 있는 것이지요. 그러니 비록 죽음을 준비하지 못한 채
떠난 것 같을지라도 그 사람이 쌓아온 인격과 덕행은 사라지
지 않겠지요. 우리가 어떻게 살아왔느냐가 곧 어떻게 죽는지를
말해주는 것 같아요. 그 사람의 생애가 고스란히 죽음으로 이
어지는 거예요. 삶 자체가 바로 죽음 준비인 것입니다.

프란치스코 살레시오는 날마다 죽음과 마주하자고 제안해
요. '죽음'에 대한 생각으로 '삶'을 살자는 것이지요. 죽음에 대
한 생각은 우리의 한계를 인정하게 하고, 삶에 대한 감사와 환
희로 하루를 시작하게 해줍니다. 그러니 놀라지 말고 두려워
말고 거룩하게 죽음을 맞이하는 연습을 해야겠어요.

살레시오는 매일 밤 '죽음의 리허설'을 하라고 권해요. 잠을
자러 갈 때 침대를 무덤 삼아 마지막날을 위한 죽음의 리허설

을 하라는 거예요. 어느 누구도 다음날 뜨는 해를 볼 수 있다고 확신할 수 없잖아요. 그러니 매일 침대에 들어 잠을 청하면서 오늘이 마지막인 것처럼 눈을 감으라는 거지요. 죽음이 죽음으로 끝나지 않고 삶과 하나가 되기 위해서는 죽음을 벗삼는 일밖에 없어요. 그렇게 매일 죽고 다시 태어나는 죽음의 리허설을 하다보면 삶과 죽음이 하나의 통로에서 서로 포옹하게 되지 않을까요?

죽음을 청하지도 그렇다고 피하지도 말며, 평화롭고 진실하게 행복한 죽음을 맞이했으면 좋겠어요. 매일이 마지막날인 양 그렇게 보낼 수만 있다면, 우리가 언제 어떻게 죽더라도 죽음은 그저 삶의 연속일 뿐이니까요.

———◇◇◇———

죽음의 순간, 이 세상은 끝난 것이다. 그때 당신은 작은 것을 지키기 위해 하느님을 배반한 적이 없는지 성찰할 것이다. 그러면서 신심과 선행이 얼마나 소중하고 감미로운지를 알게 될 것이다.

일상을 돌보는 마음영성 8

매일 밤, 죽음의 리허설을!

- 매일 밤 자러 갈 때 침대를 무덤 삼아 죽음을 생각해요.

- 내일 아침 뜨는 해를 볼 수 없을지도 모른다고 생각하며 호흡을 가다듬고 마음을 모아요.

- 깊고 고요한 호흡으로 나의 마지막날을 생각하며 내 영혼을 그윽이 바라보아요.

- 이 죽음의 리허설이 더욱더 생동감 있는 삶을 향한 전주곡이 되기를 기도해요.

- 죽음의 리허설이 다음날 뜨는 해를 바라보면서 예수님과 함께 나의 몸과 영혼이 새롭게 부활하였음에 감사하는 찬미가 되기를 기도해요.

- 침대를 무덤 삼아 깊은 호흡 속 영혼을 만나며 마치 오늘이 마지막인 것처럼 눈을 감아요.

오늘의 기도

주님,

저는 흙에 묻혀 먼지로 돌아갈 것이며

내일 아침 뜨는 해를 보리라 장담할 수도 없습니다.

그리하여 오늘 밤 저는

죽음을 벗삼아 침대를 무덤 삼아

죽음의 리허설을 합니다.

주님, 저의 영혼을 온전히 당신께 맡기며 눈을 감습니다.

"오늘 제가 용서하지 못한 자 용서하며

오늘 제가 사랑하지 못한 자 사랑합니다."

슬픔은
재앙일까요?

✳

저는 어머니를 잃고 한동안 저며오는 고통과 절망으로 가슴이
아리고 먹먹했지요. 그런데 누군가 묻더군요. "수녀님도 슬프세
요?" 순간 당황하는 저를 보고 그 사람은 서둘러 이렇게 덧붙
였어요. "아, 그러니까, 하느님 품으로 가셨고 하느님이 다 알아
서 해주실 거라는 믿음이 있으실 것 같아서요."

압니다. 하느님을 믿지 않는 사람은 죽음이 죽음으로 끝난다
고 생각하지만 신앙인은 죽음이 곧 부활이라고 믿으니 희망을
가지라는 위로였겠지요. 게다가 저는 수녀이니까요. 그런데 어
쩌지요? 어머니를 저의 육안으로 더이상 볼 수 없다는 이 사실
이 너무도 원망스럽고 슬프니 말이지요.

프란치스코 살레시오는 슬픔에도 좋은 슬픔과 나쁜 슬픔이 있다고 말해요. 나쁜 슬픔은 영혼을 산란케 하고, 불만을 품게 하며, 공포와 두려움을 주고, 기도를 무의미하게 만든다고 해요. 감상적으로 기도하고 탄식하며 눈물을 흘리지만 시련이 오면 외면하고 작은 희생도 하지 않으려 하지요. 부드럽고 아름다운 것 같지만 나약하고 공상적이고요. 그래서 나쁜 슬픔은 결단과 분별, 용기를 빼앗고 기력을 쇠진케 하여 몸을 피로하게 하고 결국 아프게 한다는 거예요. 악마는 특히 슬픔과 우울을 사랑하는데 이는 그들의 운명이 곧 슬픔이기 때문이라고 해요.

슬픔 자체는 결코 나쁜 것이 아니에요. 좋은 슬픔은 자비와 회개로 이어져요. 다만 살레시오가 염려하는 나쁜 슬픔이 아닌 좋은 슬픔이기 위해서, 우리는 내면의 참 본성에 귀기울이면서 진심으로 애도해야겠지요. 때로 '기뻐해야 한다'는 책임감과 사명감으로 슬픔을 억누를 때도 있어요. 하지만 슬픔을 피하지 않으려고요. 다만 슬픔을 잘 돌보아야겠지요.

어머니를 잃고 한동안 저는 어머니 사진조차도 볼 수 없었어요. 슬픔을 잊으려 일부러 일거리를 찾아 바쁘게 일하고 싶은 유혹도 있었고요. 슬픔으로부터 도망가고 싶었던 거예요.

하지만 그렇게 슬픔을 억누르고 외면하다가는 예기치 못한 감정이 폭발하면서 더 힘들어지더라고요. 파도타기를 할 때 파도에 몸을 맡기면 유연하게 넘어가지만 파도를 거스르면 물속에 빠지게 돼요. 슬픔을 외면하거나 슬픔이 나를 지배하도록 방치하면 절망은 우리를 더욱 깊은 물속으로 끌고 들어갈 겁니다. 그러니 슬플 때는 충분히 슬퍼해야 할 것 같아요. 슬픔의 파도를 타고 넘어가는 것이지요.

––◆◇◆––

악마는 슬픔을 이용하여 착한 사람을 유혹해 선을 행하는 중에도 슬픔을 느끼게 한다. 마치 모든 꽃과 나무가 시들고 동물을 칩거하게 만드는 혹독한 겨울처럼 영혼의 감미로움을 빼앗고 무기력하게 만든다.

슬픔에서
　　　도망치고
　　　싶었어요

어느 날 평화방송에서 제가 강의하는 장면을 엄마와 같이 본 적이 있어요. 그런데 그날 방영된 강의는 하필이면 제가 엄마 얘기를 하면서 울었던 방송이었어요.

"저의 어머니가 많이 아픕니다……" 하면서 그만 울컥 눈물이 나고 목이 메어 강의가 중지되었지요. 그때 카메라가 저의 촉촉한 눈가를 클로즈업했고 그 장면을 보던 저는 가슴이 조여와서 더이상 볼 수가 없었어요. 그 순간 어머니와 저는 그 어떤 말도 하지 않았어요. 아니, 숨을 죽이고 있었다고 표현하는 것이 맞겠지요. 그때 어머니는 텔레비전 바로 앞에 앉으셨고 저는 뒤쪽 소파에 앉아 있었어요. 미동도 보이지 않는 엄마의 뒷 모습을 보노라니 가슴이 답답하고 숨이 턱턱 막히는 것 같았지요. 엄마는 딸인 제가 더 힘들까봐 아무렇지도 않은 척 움직이지도 않고 눈물을 참고 있었던 것 같아요. 그렇게 엄마와 저는 서로를 위해 올라오는 슬픔을 꾹꾹 누르고 말았어요.

어머니는 자신이 암 환자인 줄은 아셨지만 말기라는 것은 모르셨어요. 어느 날은 같이 드라마를 보는데 드라마 속 여주인공이 위암 4기라고 하자 엄마는 한숨을 내쉬며 "이런, 어쩌나, 4기면 죽는데……" 하며 안타까워하시는 거예요. 그 순간 저는 마음속 깊이 숨겨놓은 슬픔의 냉기로 온몸이 써늘해짐을 느꼈어요. 하지만 또 슬픔의 소리를 외면했어요.

엄마를 보내고 난 뒤에야 참는 것이 슬픔을 배가하고 있다는 사실을 알았어요. 엄마에게 슬프다고 말하지 못한 것이 너무도 후회됐고요. 오히려 그냥 껴안고 울었어야 했어요. 정말 그랬어야 했다는 생각이 들어요. 엄마를 보내는 것은 상상할 수 없이 슬프고 아프다고, 이 세상 누구보다 엄마를 사랑한다고, 너무 고맙고 미안하다고……. 그저 그렇게 제 마음을 맘껏 보여주고 어머니가 사랑받는 존재임을 느끼게 해주어야 한다는 것을 누구보다 절실하게 알고 있었으면서도 왜 아무 말도 하지 못했을까요? 왜 '사랑한다' '슬프다' '그립다' '보고 싶다'

'감사하다'는 말을 어머니의 눈을 바라보며 온 존재로 말하지 못했을까요? 이 아름다운 말들을 왜 선물로 드리지 못했을까요? 슬프다는 표현도 사랑한다는 표현만큼 소중하고 아름다운 소통이었을 텐데 말이에요.

그렇게 어머니를 떠나보내고 한동안 상실감에 어쩔 줄 몰랐지만 남에게 슬픔을 들키는 것이 부끄러워 울어야 할 상황에서도 히죽 웃는 제가 무척 낯설었어요. 눈물을 보이지 않으려 슬픈 감정을 어둠 속에 밀어넣다보니 점점 더 힘들어졌어요. 마음은 계속 울고 있는데 정작 눈물은 나오질 않는 거예요. 넘칠 때 그냥 넘치게 해야 하는데 한번 막아놓으니 가슴만 답답하고 아리더군요. 그때서야 사람들이 너무 슬플 때 왜 가슴을 치는지 알았지요. 마음은 우는데 울지 못하니 울음이 가슴속에서 막혀버린 거예요.

초상집에 가는 것이 잔칫집에 가는 것보다 낫다. 거기에 모든 인간의 종말이 있으니 산 이는 이를 마음에 새길 일이다. 슬픔이 웃음보다 낫다. 얼굴은 애처로워도 마음은 편안할 수 있기 때문이다.(코헬렛 7:2-3)

주님께서 우리에게 말씀하시네요. 슬픔이 웃음보다 낫고, 마음을 편안하게 할 수도 있다고요. 눈물은 결코 창피한 것이 아니잖아요. 슬픔은 어떠한 논리나 이유의 잣대 없이 그저 그 감정만으로 충분히 존중받아야 하니까요. 진심으로 슬퍼할 때 우리의 감정은 정화되고 내면의 참 본성에 귀기울이게 돼요. 슬픔은 내면에 안식처를 마련해주어 내 안에서 진정으로 쉬게 해주고, 이웃의 슬픔 속으로 들어갈 수 있게 해주며, 세상을 더 잘 이해할 수 있는 사람으로 태어나게 해요.

예수님께서도 슬픔에 겨워 우셨지요. 마르타와 마리아의 오빠, 라자로의 죽음을 보고 감정이 북받치고 마음이 산란하여 눈물을 흘리셨어요.(요한 11:35) 그리고 결국 라자로를 되살려 주셨지요. 진심으로 흘리는 눈물은 또다른 생명을 낳게 하는 것 아닐까요? 그렇기에 얼굴은 애처로워 보여도 그 마음속 진실이 우리를 편안하게 해줘요. 어쩌면 슬퍼할 수 있다는 건 우리가 지닌 가장 아름다운 특권 중 하나인 것 같아요.

———◇◇◇———

슬픔이 우리를 지치게 할 때 기도하기를 멈추지 말자. 성가를 부르거나 십자고상을 품거나 혹은 성경 말씀을 되뇌거나 가슴을 치며 하늘을 우러러보는 행위는 슬픔에서 벗어나는 데 도움이 된다.

슬픔을
돌보는
방법

✴

충격을 너무 크게 받으면 우리는 마비 상태에 빠진다고 해요.
불면증, 우울증, 죄책감에 시달리기도 하고, 감정을 주체할 수
없어 폭발하기도 해요. 특히나 사랑하는 사람을 잃는 것은 엄
청난 충격이지요. 프란치스코 살레시오는 과도한 슬픔을 경계
하라고 해요. 과도한 죄책감과 우울은 자칫 현실 도피에 빠져
신앙을 기피할 수 있다는 거예요. 과도한 것은 무엇이든 좋은
것은 아닌가봅니다.

그런데 과도한 슬픔이라는 것이 사람마다 다르고 상황마다
다르니 애매한 듯해요. 다만 슬픔의 감정을 방치하지 않고 돌
봐야 할 것 같아요.

성경은 우리에게 애도의 방법을 알려줍니다.

슬피 울며 통곡하여라. (…) 그러고 나서 너 자신의 슬픔을 달래
라. 슬픔이 지나치면 죽음으로 이어질 수 있고 마음의 슬픔은
기운을 떨어뜨린다. (…) 죽은 이는 이제 안식을 누리고 있으니
그에 대한 추억만을 남겨두고 그의 영이 떠나갔으니 그에 대하
여 편안한 마음을 가져라.(집회 38:17-18, 23)

슬픈 감정을 표현하는 것은 솔직히 좀 불편해요. 상대방의
슬픔도 모르는 척하고 싶고, 나의 슬픔도 내색하고 싶지 않아
요. 하지만 불편하다는 것은 조심하라는 경고이기도 해요. 운
전할 때 편안한 길에서 오히려 사고가 더 많이 발생한대요. 불
편함이 도리어 사고를 막아줘요. 그러니 불편함에 마음을 써
야겠어요. 불편한 감정을 외면하지 않았으면 좋겠습니다. 발걸
음을 바삐 옮기려 하기보다 멈춰서 마음을 만나줘요. 우는 것
은 너무도 자연스럽다는 걸 스스로에게 말해주면서요.

모두 극복한 사람처럼, 그것이 마치 성숙한 사람인 것처럼,
슬픔을 보이지도 않고 애도하지 않는다면 슬픔은 엉뚱한 방향
으로 흘러갈 거예요. 특히 사랑하는 가족을 잃은 상실감은 엄
청나게 크기에 그만큼 애도의 기간도 길어요. 그럴 때는 자신

의 슬픔에 지속적인 관심을 가지고 따뜻하게 위로해줘요.

저는 어머니가 돌아가시고 나서 바로 사람들을 만나는 것이 너무 힘들었어요. 혼자 있고 싶었지만 그러지도 못하고, 제 사정을 모르는 이들에게 왜 그러느냐며 다그침을 당하기도 했지요. 슬픔을 보이지 않게 꼭꼭 숨겨놓고 닫아버리고 싶었지만, 먼지가 나도록 방치해두면 안 된다는 걸 알고 있었어요. 공기도 햇빛도 볼 수 있도록 열어놓아야 하지요. 그래서 혼자 있는 시간을 가져야겠다고 생각했어요. 몇 년 동안은 어머니를 위해 거의 매일 연도를 바치고 묵주기도를 열심히 했지요. 그러다가 아무도 없는 구석에서 하늘의 별을 바라보며 몸과 마음을 침묵 속에서 쉬게 했어요. 이렇게 성당에서 혼자 조용히 머무르면서 어머니와 대화를 했어요.

사실 처음에는 어머니를 떠올리는 것도 힘들어 피하고 싶었어요. 그런데 그럴수록 더 힘들더라고요. 그래서 지금은 슬픔을 충분히 누리려 해요. 눈물이 나면 눈물이 나는 대로, 한숨이 나오면 땅이 꺼지도록 한숨을 쉬면서, 엄마에게 미안한 마음이 들면 혼자 넋두리도 하면서, 그러다보면 어느 순간 마음도 몸도 정화되는 듯한 평화로움이 찾아와요. 이제는 어머니뿐만 아니라 죽은 모든 이들에 대한 애정이 생긴 듯해요. 그래서

인지 누군가의 부모님이 이 세상을 떠날 때 진심으로 애도하며 기도하게 되더라고요. 어머니의 죽음이 더 많은 죽은 이들과 진심으로 만나게 해주었어요.

아파하면서도 그 아픔이 나를 위로해주는 경험을 해보셨나요? 고인 물은 썩지만 흐르는 물은 정화되듯이, 슬픔이 기도와 만나면 정화된 감정으로 성장하는 것 같아요. 그래서 슬프면서도 행복하고, 아프면서도 평화롭네요. 어쩌면 감정은 늘 그렇게 섞여서 찾아오나봐요. 슬픔이 기도가 되고, 기도가 슬픔이 되는 일상은 행복하기까지 하고요.

물론 지금도 어머니만 생각하면 가슴이 아려요. 그러나 그 슬픔이 더이상 저를 억누르지 않아요. 오히려 저를 위로하고 자유롭게 해줘요. 슬픔 속에 찾아든 하느님과의 만남은 더욱 특별한 것 같아요. 슬픔이 없어진 것은 아니지만 슬픔도 아름다울 수 있다는 것을 주님 앞에 앉아 체험하게 돼요. 밝다고 다 빛은 아니듯, 기쁘다고 다 행복은 아닌 거지요. 진심으로 슬퍼하는 감정이야말로 거짓으로 기뻐하는 감정보다 더 소중하네요.

그러니 하느님 앞에 마주앉아 우리에게 찾아온 고통과 슬픔 너머에서 빛나는 주님의 현존을 체험하기를 바라요. 그러다보면 슬픔은 그대로이지만 슬픔을 바라보는 내가 변할 거예요.
하느님 앞에 걸음마를 떼던 어린아이가 어느 순간 성숙한 신앙
인으로 마주앉아 기도하고 있는 자신을 발견하게 될 거예요.
슬픔 속 평화를 누리시길 바라요. 그리하여 슬픔을 희망으로
바꾸는 기도를 할 수 있으면 좋겠습니다.

———◇———

**악마는 우리가 우울해지고 과도하게 슬픔에 빠지기를 바란
다. 그 이유는 악마 자체가 슬픔과 우울로 가득차 있기 때문
이다.**

일상을 돌보는 마음영성 9

슬픔을 희망으로

• 주변 사람과 슬픈 감정을 나누세요

프란치스코 살레시오는 평소 영적 나눔을 할 수 있는 친구나 지도 사제에게 혹은 위로받고 싶은 사람에게 슬픔을 열어 보이라고 조언해요. 그러면 마음이 치료된다고요. 슬픈 감정을 사랑하는 사람과 나누면 그만큼 줄어들고 정말 위로가 되더라고요.

• 자신에게 혼잣말을 건네세요

조용한 곳에서 혼잣말로 슬픔의 대상이 되는 그 사람에게 말을 건네며 하고 싶은 말을 다 하세요. 평화가 찾아올 거예요.

• 나 홀로 걸어요

주변의 꽃과 나무, 숨어 있는 풀 한 포기에도 마음을 주며 천천히 걸어요. 몸은 움직여서 힘이 생기고 마음은 멈춰서 위로가 될 거예요.

• 있는 그대로의 슬픔을 만나요

도피하려고 일에 빠지거나 딴생각을 하기보다 그냥 있는 그 대로의 슬픔을 만나요. 손으로 가슴을 쓰다듬으면서 슬퍼하 는 나에게 따뜻한 위로를 보내요.

• 펑펑 우세요

울음이 터지려고 할 때 참지 말고 그냥 펑펑 우세요. 어린아 이처럼 소리 내어 울다보면 마음 한곳에서 시원한 바람이 불 어와요.

• 슬픔을 표현해요

그림, 음악, 춤, 글 등으로 슬픔을 표현해보세요. 내 마음 상 태를 표현해주는 시를 찾아 혼자 낭송하거나 성가를 부르는 것도 좋아요. 슬픔을 밖으로 끄집어내어 놓아주는 과정에서 마음이 추슬러져요.

• 위로의 책을 읽어요

위로받을 수 있는 글이나 영적 서적, 혹은 슬픔에 관해 통찰 해볼 수 있는 심리학 책을 읽으면서 자신의 마음을 이해하려 노력해요.

• 일기를 써요

특히 사랑하는 사람을 잃었을 때, 그 사람에게 편지를 쓰거나
지난 추억을 떠올리며 현재 자신의 마음을 글로 표현해요.

• 성경을 읽으면서 묵상해요

특히 우리 인생에 빛을 주는 지혜문학인 「욥기」「시편」「잠
언」「코헬렛」「아가」「지혜서」「집회서」를 읽고 기도해요.

오늘의 기도

주님,

악마는 저희를 유혹할 때 비관을 이용한다 하지요.

그래서 슬프게 만들어요.

그렇게 되면 기도할 수 없고요.

슬픔은 저를 차가운 겨울처럼 만들어

생명이 시들고 땅속이나 굴속으로 칩거하게 하고요.

제 영혼은 시들고 무기력해지네요.

슬플 때 기도처럼 좋은 명약이 없다 하지만

기도할 의욕도 없어지고 서글픈 생각만 드는데 어쩌죠?

그럴 때마다 그저 애써 외쳐봅니다.

"자비와 사랑이신 주님,

저의 기쁨이시고 희망이시며 사랑이신 하느님!"

4 다시, 마음에게
영성은 일상에서 피어나는 꽃

'영성'이라고 하면 무언가 거창하고 어렵다는 생각을 하게 돼요. 참고 억압하며 수련해야 할 것 같기도 하고요. 종교인뿐만 아니라 일반인들에게도 '영성'이 요구되는 시대인 것 같아요. 인공지능시대를 살아가는 우리에게 더더욱 절실하게 필요하기도 하고요. 지식은 인간보다 인공지능이 훨씬 뛰어날 수 있지요. 하지만 '영성'만큼은 인간만이 지닐 수 있는 '덕'이라고 생각해요.

어떤 사람을 영성적이라고 할까요? 철저하게 자신의 욕망을 억제하며 기도와 단식으로 고행하는 사람일까요? 선교지에서 죽음을 각오하고 열심히 봉사하는 사람이나 어려운 이웃을 돌보는 사람일까요? 어디에서나 유쾌하고 즐겁게 사람들과 어울릴 줄 아는 사람일까요? 몇 시간씩 기도하거나 때만 되면 영신 수련을 떠나는 신심 깊은 종교인일까요?

영성을 산다는 것은 대단한 고행으로 성자가 되는 길만을 의미하지 않아요. 초월적인 체험만을 의미하는 것은 더욱 아닐 거고요. 영성을 사는 것, 그것은 '마음'을 돌보는 일에서부터 시작해요. 작은 미소와 부드러운 몸짓으로 내 마음을 살피는 거지요. 마치 어린아이를 돌보듯 반복적으로 관심을 기울이는 거예요. 세상의 모든 생명체는 관심을 필요로 하지요. 마음도 자꾸 바라봐주고 안부를 물어줘야 생명력을 이어가게 돼요.

우리 안에는 보고 싶지 않은 것도 참 많아요. 분노, 질투, 교만, 미움, 외로움, 슬픔, 고통. 외면하고 싶고 단번에 제거하고 싶은 부정적인 감정들이지요. 그런데 프란치스코 살레시오는 그런 감정에 초점을 두면 더 강화된다고 해요. 그래서 우리 안에 있어 좋은 것들, 온유, 사랑, 동정, 배려, 기쁨, 즐거움. 그런 긍정적인 감정에 물을 주고 사랑을 주면서 마음을 채워가라고 해요. 그러다보면 부정과 긍정 두 개의 마음이 서로 만나 소통하면서 평화와 기쁨의 에너지가 올라오겠지요.

영성은 근원적인 의미와 가치를 향한 영적 갈증으로, 오직 '사랑'만으로 나의 일상을 촘촘하게 연결해가는 총체적인 삶의 방식이 아닐까 싶어요. 살레시오가 말했듯 "안과 밖이 조화를 이루고 안과 밖 사이의 갈등이 없는" 것이 영성을 사는 방법인 것 같아요. 그러려면 무엇보다 우선 내 마음을 들여다보고 돌봐야겠지요.

교만하다는
건   도대체
어떤 감정일까요?

✳

성당이나 교회에서 우리는 '내가 교만했다. 회개한다' '교만하
면 안 된다. 겸손해야 한다'는 말을 자주 말하고 들어요. 그런
데 도대체 교만이란 어떤 감정일까요?

  '교만'은 그 무엇보다도, 다른 누구보다도 자기 자신을 믿는
것이라고 생각해요. 물론 자신을 믿어주는 것은 성숙한 인간
의 조건이지요. 그런데 그 믿는 마음이 너무 꽉 차서 다른 사
람이 들어올 수가 없는 거예요. 그러면 하느님도 신뢰하기 어
렵겠지요. 나만 믿는 행위가 교만이고 신심의 적이라고 해요.
반면에 '겸손'은 자신을 잘 알고 미약함을 인정하는 것이지요.
자신을 부정하거나 자신 없어하는 게 아니라 부족함을 알고

수용하는 거예요. 그러면 하느님을 믿고 신뢰할 수밖에 없겠지요.

나의 교만 지수는 얼마나 될까요? 한번 체크해볼까요?

- 자기 자랑을 많이 한다.
- 자기 잘못을 쉽게 인정하지 않는다.
- 남 탓을 많이 한다.
- 논쟁에 쉽게 휘말리고 자기정당성을 주장한다.
- 과장이 심하다.
- 불평을 자주 한다.
- 불안하고 조급하다.
- 솔직하고 부정적인 피드백을 몹시 경계한다.
- 쉽게 상처받는다.
- 나보다 잘난 사람을 싫어한다.

위의 내용에 해당되지 않는 사람이 있을까요? 저도 모두 다 해당되는 것 같아요. 다만 이런 감정이 일어날 때 자기 생각을 고수하며 고집을 부리는지, 아니면 '내가 교만하구나'라고 인식하고 인정하는지에 따라 교만과 겸손이 갈라져요. '내가 불평이 많구나' '내가 너무 과장해서 말하는구나' '내가 지금 저 사람 탓을 하고 있구나' 이렇게 스스로 알아채고 자신의 교만을 의식하는 것이 바로 겸손으로 가는 길이라고 생각해요.

프란치스코 살레시오는 교만을 두 가지로 나눠요. 첫째는 '외적 교만'이에요. 외적으로 교만한 사람은 "아름다운 새털 모자를 쓰고 화려한 옷을 입고 멋진 말을 타고 뽐내면서 남을 업신여기는 사람"이라고 해요. 정말로 자랑해야 할 것은 아름다운 깃털을 지닌 새와 그 옷을 만든 재봉사, 자신을 태워주는 말이라는 것이지요. 우리는 어떠한가요? 비싼 외제차, 명품, 유명 브랜드의 아파트를 뽐내요. 살레시오는 교만이 허영에서 나온다고 말합니다. 허영이란 "내게 없는 것, 내게 있어도 내 것이 아닌 것, 내게 있어 내 것일지라도 자랑할 만한 것이 못 되는 것을 스스로 자랑하는 것"이라는 거지요. "여러분이 가지고 있는 것은 모두 하느님께 받은 것 아닙니까? 이렇게 다 받은 것인데 왜 받은 것이 아니고 자기의 것인 양 자랑합니까?"(1고린 4:7)라고 성경에서도 말씀하고 있고요.

외적 교만은 '진짜 나'가 아니라 허영과 거짓과 장식으로 자신을 내세우려 하기에 '헛된 나'에 집착해요. 번듯한 집이 있어야, 옷을 잘 입고 다녀야, 외모를 잘 꾸며야 인정받고 사랑받으리라고 과하게 믿는 사람은 자신을 진심으로 소중하게 여기는 방법을 잊기도 해요. 그래서 이런 외적 조건이 채워지지 않으면 불안하고 초조하지요. 이처럼 겉으로 보이는 것들 때문에 내가 가치 있고 인정받는다는 생각은 스스로를 신뢰하지 못하게 할 뿐만 아니라 자신에게 다가오는 사람들도 신뢰하기 어렵게 만들어요. 있는 그대로의 나를 믿지 못하면 이웃을 믿기 어렵고, 하느님을 진심으로 믿고 신뢰하기도 힘들겠지요.

또하나는 '내적 교만'입니다. 내적 교만은 거짓 겸손과 함께 간다고 살레시오는 말해요. 이것은 겸손으로 가장하여 자신의 게으름을 숨기거나 회피하는 거예요. "나는 능력이 없어서 봉사를 할 수 없어." "나는 선행을 하면 교만해져." "나는 죄인이라서 교회에 나갈 수 없어." 얼핏 들으면 꽤 겸손한 것 같지만 그것은 책임을 회피하려는 핑계이거나 직면하기를 두려워하는 거짓 겸손이라는 거지요. 우리는 종종 능력도 없고 별 볼 일 없는 사람이라고 스스로 말하지만, 누군가 그 사실을 인정하면 곧바로 화를 낸다는 거예요. 이는 낮아지려는 자신의 노력을 남들이 알아주고 인정해주기를 바라는 마음 때문이지요. 이것이 '거짓 겸손'입니다.

살레시오는 또 이렇게 말해요. "나는 똑똑한 체하지 않을 것이며 동시에 어리석은 사람처럼 가장하지도 않을 것이다. 잘난 척하는 것이 겸손을 거스르듯, 어리석은 자처럼 꾸미는 것 역시 솔직함을 거스른다." 그러면서 보이기 위한 겸손을 조심하라고 조언해요. 특히 종교인들, 성직자와 수도자들은 더 조심하라고 해요.

세상은 다 해진 옷을 입고 추위에 떠는 수도자를 존경하고 그 옷에 경외를 표한다. 그러나 똑같이 다 떨어지고 해진 옷을 입고 벌벌 떨며 지나가는 가난한 노동자와 걸인들에게는 냉정한 시선으로 멸시와 조소를 보낸다. 게다가 어떤 성직자, 수도자들은 해진 옷을 입고 걸인들 속에서 걸인들처럼 존재하려 하지 않는다. 오히려 멋진 옷을 입은 사람들 틈에 들어가 해진 옷을 입은 자신이 드러나 명성을 얻고 싶은 거짓 겸손 때문에 그렇다.

수도자인 저에게는 뼈아픈 충고입니다. 저에게도 많이 낡은 수도복이 있는데요, 꿰매면 그 자리가 다시 찢어질 정도예요. 어쩌다 그것을 본 사람들은 감동하지요. 그런데 정말 제가 가난한 사람과 함께하는 마음으로 자발적으로 선택한 것인가 자문해봐요. 때로는 수도자로 살아가는 울타리가 자연스럽게 그리 만들어준 것 아닐까 싶은 거지요. 가난한 이들 속에서의 저의 가난은 오히려 부끄러워 불편하거든요. 그런데 부유한 사람들 속에서의 저의 가난은 위대하게 느껴져요. 매일 똑같은 수도복을 입고 사는 저의 외적 청빈이 대단한 것 같지만 그 옷 때문에 보호받는 일상에서 '교만'은 호시탐탐 저를 위협해요.

'수도자니까' '다른 사람들이 그런 수도자를 원하니까' '수도자에 대한 기대를 저버리면 안 되니까' 이런 생각으로 겸손을 보여주려 하지는 않는지 반성해봅니다. 해진 옷을 입은 걸인들 속에 들어가면 나도 걸인처럼 보일까봐 두려워한 적은 없는지, 나를 인정해주는 집단 안에서만 해진 옷을 입고 거짓 겸손으로 자리를 지키고 있는 건 아닌지, 깊이 성찰해봅니다.

겸손으로
나아가는
길

✳

진정한 겸손이란 무엇일까요? 프란치스코 살레시오는 참된 겸손은 굴욕을 기쁨으로 사랑하는 것이라고 해요. 비천함에서 오는 굴욕을 기꺼이 품어 안으라는 거지요. 억지로가 아니라 기꺼이 수용하라고 해요. 비난과 모욕에 반박하기보다 침묵과 기도로 대응하면 굴욕의 독소는 스스로 소멸된다고 하네요. 내가 굴욕을 당할 때, 비천한 처지에 놓일 때, 그 굴욕과 비천함을 기꺼이 받아 안고 사랑하는 것, 그것이 진정한 겸손이라는 거지요. 이것이 가능할까요?

문득 떠오르는 사람이 있어요. 한때 미국 전역을 휩쓸었던 성직자 성추행 추문 사건의 정점에서 세상 모든 언론에 공격당하고 악플에 시달렸던 이탈리아계 미국인 가톨릭 추기경, 요셉 루이스 버나딘Joseph Louis Bernardin이에요. 고소인은 이름도 얼굴도 모르는 에이즈에 걸린 청년 스티븐 쿡이었다고 해요. 평소 성직자 성 비행 근절에 앞장섰던 그이기에 충격은 이루 말할 수 없었지요. 버나딘 추기경은 굴욕감과 수치심, 분노와 절망감에 휩싸였을 거예요. 언론은 불리한 증거물을 끊임없이 확산시켰고 그는 방송에서 14차례나 되는 기자회견을 해야 했고요.

그럼에도 놀라운 것은 버나딘 추기경이 자신을 고소한 쿡에게 연민을 느꼈고 맞고소를 하지 않았다는 사실이에요. 버나딘 추기경은 그가 분명 누군가에게 이용당하고 있으리라 믿은 거지요. 결국 누명은 풀리게 되었어요. 그는 자신을 고소했던 쿡을 진심으로 용서했고 함께 미사 참례를 권했다고 해요. 물론 쿡은 눈물로 답했고요. 그러나 불행하게도 누명을 벗은 이듬해에 버나딘 추기경은 췌장암 선고를 받습니다. 그러면서 자신은 췌장암으로, 쿡은 에이즈로 함께 죽음을 준비하면서 서로를 격려하며 자주 연락하고 지낸다며 기쁘게 말했다 하네요.

버나딘 추기경이야말로 말 그대로 굴욕과 비천한 자신의 상태를 그대로 끌어안은 겸손을 보여준 거지요. 게다가 원수일 수도 있는 사람을 연민과 용서로 품었고요.

———◇◇◇———

"나는 겸손의 덕이 부족합니다. 그것은 저의 힘의 영역이 아
닙니다"라고 말하는 것은 좋은 것이 아니다. 성령께서는 겸
손의 덕을 청하는 사람에게만 주시기 때문이다.

멈춤의
미학

우리는 바쁘고 그래서 늘 피곤해요. 이 피곤함을 달래기 위해 텔레비전을 보거나 컴퓨터 게임을 하거나 인터넷 서핑을 즐기기도 하고요. 그런데 이러한 활동들은 오히려 우리를 더 피곤하게 할 수 있어요.

텔레비전을 보거나 스마트폰이나 컴퓨터에 빠져 있을 때 우리의 뇌파는 급상승한다고 해요. 그만큼 긴장과 흥분의 정도가 높아진다는 것이지요. 뇌파가 빠르게 상승하다보니 뇌의 한쪽 부분만 활성화되는데, 이때 활성화되는 부분은 비논리적이고 비언어적인 우측 뇌라고 합니다. 그래서 우리 뇌가 정상적인 상태로 돌아오려면 시간이 오래 걸려요. 자극적이고 감각적인 영화나 드라마를 보거나 게임을 하고 나서 책을 읽으려고 하면 책에 몰입하기가 쉽지 않은 것도 다 이런 이유 때문이지요.

반면에 책을 읽을 때에는 뇌파가 시간이 지나면서 완만하게 발생돼요. 이렇게 뇌가 느리게 활성화되면서 뇌 전체적으로 활성화가 이루어지지요. 그래서 책을 읽을 때에는 몰입하기 위해 인내하고 집중하려는 노력과 시간이 필요해요. 그런데 우리는 갈수록 자극적이고 찰나적인 것에 익숙해져가는 것 같아요. 게다가 멈춰 집중하기가 더 어려워져요. 그래서인지 책을 읽다가 문자를 보내고, 대화중에도 궁금한 게 생기면 곧바로 스마트폰으로 검색을 하지요.

독일의 철학자 발터 베냐민Walter Benjamin은 현대인은 시뮬레이션을 통해 산만한 지각을 훈련받고 있다고 경고해요. 미래학자인 니컬러스 카Nicholas Carr는 인터넷이 우리의 집중력을 분산시킨다고 하고요. 산만함이란 무엇인가요? 느리면서 인내하지 못하고, 자극적인 것에 반응하지만 상징적이고 언어적인 것에는 더딘 거예요. 우선순위가 없어 당장 하고 싶은 것에 집착하고, 목표 없이 한눈을 팔기도 해요. 어쩌면 우리는 산만함을 즐기고 있는 것이 아닐까요? 산만함을 너무 가벼이 여기고 있는 것이 아닐까요? 바쁘고 피곤하니까 경쾌하고 감각적인 자극을 원하고 선택하는 것을 당연하게 받아들이고 있는 건 아닌가요?

산만함에 대한 우리의 이런 너그러움으로 인해 치러야 할 대가가 매우 큰 것 같아요. 산만함은 조급함을 가중시켜 집중력을 키울 기회를 앗아가요. 산만함은 깊고 심오한 것들을 듣지도 담지도 못하게 하고요. 그래서 별생각 없이 그저 보기만 하면 되는 영화나 드라마는 손쉽게 즐기지만, 성찰과 멈춤을 요하는 책 읽기는 어렵고요.

어릴 때 신나게 춤추며 노래했던 〈그대로 멈춰라〉라는 동요를 기억하시나요? "즐겁게 춤을 추다가 그대로 멈춰라! 눈도 감지 말고 웃지도 말고 울지도 말고 움직이지 마!"라고 노래하며 춤을 추다보면 너무 신이 나서 자기도 모르게 흥분한 나머지 눈도 입도 행동도 커졌지요. 그러다 갑자기 멈추면 더 재미있지 않았나요? 그 갑작스러운 멈춤이 너무 즐겁고 재미있어서 오히려 더 꼼짝 않고 움직이지 않으려 하지 않았던가요?

진정한 성장을 꿈꾸려면 멈춰야 할 것 같아요. 혼자 있음을 견디지 못하고 핸드폰을 만지작거리고 습관적으로 텔레비전 채널을 돌리는 행동을 잠시 멈추었으면 해요. 그리고 아무도 없는 조용한 장소를 찾아 견디기 힘든 고독을 품고 또 품어 산만함의 진통을 깨고 나온 '멈춤'과 '견딤'이 주는 자유를 누려

보면 어떨까요? 그때 비로소 춤추는 것보다 멈추는 것이 더 즐겁고 행복하다는 것을 알게 될 겁니다. 그대로 멈출 때에야 고요함은 그렇게 성큼 다가올 거고요.

———◇◇◇———

슬픔과 고통의 한가운데에서 온유함을 간직하는 사람, 바쁜 일상과 가지각색의 활동중에도 평화를 간직하는 사람, 이런 사람은 거의 완벽하다고 할 수 있다.

걷기는
영혼을
깨워요

✳

언젠가 저는 수녀원 거실에 걸린 그림을 보고 감탄한 적이 있어요. "이 그림, 수녀님이 거셨어요?" 하고 묻자 그 수녀가 어이없다는 표정으로 "이 그림은 작년부터 걸려 있던 건데요" 하는 게 아니겠어요? 저도 놀랐지요. '내가 이렇게 무심하구나. 도대체 무슨 생각을 하며 사는 거지?' 하면서 자책도 했어요. 일 년 넘게 수녀원에 살면서 분명 한가한 시간도 있었을 텐데 주변을 보지 않고 산 거지요. 보이는 것도 못 보는데 보이지 않는 하느님을 멈추어 보기는 또 얼마나 어려울까요?

또 언젠가는 급히 어딘가 가고 있는데 '아휴, 인사도 안 받네' 하는 소리에 화들짝 놀란 적이 있어요. 사람도 못 보고 인사하는 소리도 못 들은 것이지요. 인사한 사람의 입장에서 제가 얼마나 거만해 보였을까요? 그런데 제가 아는 한 사람은 아무리 바빠도 사람들을 허투루 지나치지 않아요. 그 사람은 세상에서 가장 한가한 사람처럼 안부도 묻고 이런저런 관심을 보이며 한 명 한 명 눈을 마주치며 지나가지요. 그러니 보이지 않는 하느님은 또 얼마나 꼼꼼하게 찾을까요? 결국 마음의 한가로움이 하느님을 만나게 해주는 것 같아요.

우리 뇌는 스트레스를 받게 되면 정보통합능력을 다루는 부위에 이상이 생겨 자제력도, 식별력도 발휘가 잘 안 돼요. 뇌 회로에 버퍼링이 생겨 생존에 위협을 느끼고 있는 상태거든요. 그래서 도피하거나 공격해야 하는데 쾌락중추를 자극하는 도피 행위가 가장 쉬운 선택이에요. 이런 행위는 일시적으로는 심리적 안정감을 얻게 하고 또 스트레스받는 일을 잠시 잊게도 해요. 그런데 돌아서면 마음은 여전히 허전하고 불안하겠지요. 이런 반복적 도피는 결국 중독으로 이어지게 하고 우울과 불안은 더 커지고요. 우울감은 어두운 동굴 속에 머물게 하고 몸은 그 감정에 갇히게 돼요. 이 동굴에서 나오려면 밖으로 몸을 끌어낼 수밖에 없는데요, 마음이 파업중이니 움직이기 힘들어요.
이럴 때 약보다 더 효과적일 수 있는 것이 몸을 움직이는 것이라고 하네요. 특별한 운동이 아니어도 괜찮으니 꾸준히 걷는 습관으로 마음병을 예방해요.

걷기는 자아를 찾는 영혼의 순례길이기도 해요. 유희는 잠시 '나'를 잊게 하지만, 걷기는 '나'를 만나게 해줘요. 걷기는 우리 안의 부정적인 감정들을 순화시켜주고 새로운 에너지를 얻게 하고요. 걷기는 그 순간 온전히 자신에게 몰입할 수 있게 해주기 때문이지요. 고통스럽고 힘겨울 때의 걷기는 어쩌면 가슴이 뻥 뚫려 후련하기보다 우울하고 아픈 상처를 대면하게 하여 더 아플 수도 있어요. 불편한 현실을 직면해야 하기에 즐겁지 않죠. 그러나 그렇게 아픈 자신을 바라보면서 자신만의 시간 속으로 온전히 들어갈 때, 아프지만 고요하고 고통스럽지만 평화로운 느낌이 찾아와요.

저는 머리가 아프고 무엇인가 풀리지 않을 때 자주 걷곤 해요. 언젠가 울적하고 무언가 저를 무겁게 짓누르는 것 같고 주변 사람들이 정말 싫을 때 그냥 걸었지요. 그런데 그 순간 아주 섬세하고 잔잔한 미풍이 제 전신을 감싸주는 느낌을 받았어요. 별안간 머리가 맑아지더니 행복한 감정이 저의 영혼을 깨웠어요. 기쁨과 희열이 내면 깊은 곳에서 솟구쳐오르면서 하느님의 목소리가 들리는 듯했지요.

"나 너와 함께 있으니 두려워하지 마라. 내가 너의 하느님이니 겁내지 마라. 내가 너의 힘을 북돋우고 너를 도와주리라. 내 의로운 오른팔로 너를 붙들어주리라."(이사야 41:10)

순간 가슴이 뜨겁게 달아오르면서 콧등이 시큰해지고 눈시울이 붉어졌어요. 지금도 저는 그때의 그 행복한 감정을 잊을 수가 없어요.

우리 추우면 추위 속으로, 더우면 더위 속으로 들어가요. 비와 바람, 눈과 안개를 만나도, 하수구에서 썩은 냄새가 나고 주변은 온통 시끄러운 소리로 가득해도, 그 자체를 음미하며 걸을 때 우리는 영성을 줍는 나그네가 되는 것 같아요. 뺨을 스치는 바람도 느껴보고, 피부에 닿는 햇볕의 온기도 음미해요. 차가운 공기도 깊이 들이쉬어요. 자동차를 타고 급히 지나가서 보지 못했던 아스팔트 사이의 풀꽃, 담장 너머의 나뭇가지, 아이와 할머니, 하늘과 구름에 하나하나 눈을 맞춰요. 다급했던 마음을 내려놓고 한가로움을 즐겨요. 뜻하지 않은 만남과 놀라움이 기다릴 수도 있어요. 미세한 떨림과 작은 소리들이 당신의 몸을 깨우고 영혼을 따뜻하게 감싸줄 거예요. 매일 이렇게 걷는다면 그때마다 우리는 하느님께 인생수업을 받는 순례

자가 되지 않을까요?

———◇———

어떤 사람은 여유 있게 걸으면서도 하느님을 흘끗 보고 지나
간다. 그런데 또 어떤 이들은 많은 사람과 만나고 힘겨운 일
을 하면서도 꼼꼼하고 면밀하게 하느님을 찾는다.

무엇을

　　읽고
　　있나요?

✳

성인들 중에는 책 읽기를 통해 영적으로 새롭게 태어난 분들
이 많아요. 성 아우렐리우스 아우구스티누스는 키케로가 쓴
『호르텐시우스』를 읽고 '세상에 이런 책도 있다니!'라고 감탄하
며 이렇게 고백했다고 해요. "나는 웅변에 관한 서적을 즐겨 읽
었고 웅변으로 남보다 뛰어나고자 갈망했다. 그것은 인간의 허
영을 즐기는 명예욕에 불과할 뿐이었다. 그런데 이 책이 나의
마음을 완전히 바꾸어놓았다." 그리고 이렇게 기도하지요. "주
님, 이 책은 나의 기도의 방향을 당신에게 돌려놓았고, 나의 소
원과 동경을 다른 것으로 바꿨습니다. 갑자기 헛된 희망이 어
리석게 보였고, 생각지도 않던 마음의 감동으로 불멸의 지혜를

열망하게 되었습니다. 이제 저는 당신에게 돌아갈 준비를 서두르기 시작하였습니다."

예수회 창립자 성 이냐시오 로욜라Saint Ignatius Loyola는 또 어떻고요. 군인이었던 그는 전쟁터에서 심한 부상을 입고 치료를 받는 동안 무료한 시간을 보내기 위해 재미있는 소설을 찾지요. 그런데 그가 읽고 싶어하던 책이 마침 없었어요. 그래서 어쩔 수 없이 읽게 된 책이 작센의 루돌프Ludolph of Saxony가 쓴 『그리스도의 생애』였다고 해요. 그런데 그 책을 통해 그에게 엄청난 변화가 일어납니다. 그는 예루살렘 성지 순례를 떠나게 되고 그의 모든 인생이 완전히 바뀌게 되지요. 만약 그때 이냐시오가 가벼운 소설을 읽으면서 무료함을 달랬다면 과연 오늘날의 예수회가 탄생했을까 하는 생각도 해봅니다.

살레시오 성인은 로렌초 스쿠폴리Lorenzo Scupoli가 저술한 『영적 투쟁』(한국판은 『심전: 영적 전투』)을 읽고 난 후 언제나 손에 들고 다닐 정도로 그 책을 좋아했다고 해요. 그 책은 살레시오 성인의 인생의 멘토이자 지표가 되어주었지요. 시리아의 주교였던 아이작Isaac 성인은 독서를 이렇게 표현했어요. "꿈을 꾸는 것처럼 나의 감각과 생각이 집중하는 경지에 들어간다. 그러면 이 침묵의 시간과 함께 기억의 폭풍은 마음속에서 잠잠해지고, 멈추지 않는 깊은 사고로부터 즐거움의 물결이 전해지고, 갑자기 예상치 않은 기쁨이 가슴에서 일어난다."

좋은 책을 읽는 것은 주변의 시끄러운 모든 것이 온전히 '나'를 위해 멈추는 침묵을 경험하게 해요. 평소에 소홀히 했던 내면의 소리가 살아 움직이면서 영혼에 숨을 불어넣어주고요. 때로는 고개를 끄덕이면서 한숨 짓기도 하고, 집중하고 몰입하는 데에서 오는 행복한 감정이 온몸으로 퍼지기도 해요. 이렇듯 책 읽기는 지금까지 살아왔던 익숙한 일상의 습관에서 벗어나 새로운 영혼으로 거듭나게 해줍니다.

＊＊＊

유익한 책은 늘 손에 들고 다니자. 특히 위대한 성인들의 책을 천국에서 온 편지라 생각하고 읽다보면 행복한 천상낙원으로 들어가는 길을 찾을 수 있을 것이다.

영적인 책 읽기

신경생리학자들은 읽는 것이 직접 체험하는 것과 흡사하게 우리의 뇌를 변화시킨다고 해요. 우리가 실제로 하지 않아도 마음으로 집중하고 몰입해서 지속적으로 뇌에 자극을 보내면, 반복한 그 생각들이 의식의 자리에 안착되면서 실제로 나의 마음과 삶을 변화시키는 겁니다. 그러니까 영적 독서는 단순히 책을 읽는 행위가 아니라 영적인 삶의 체험인 것이지요.

○ 실감나게 상상하며 읽으세요. 집중하고 몰입해서 마음 속으로 감정을 생생하게 느끼면서요.

○ 가끔씩 소리 내어 읽으면서 자신이 읽는 소리를 음미해 봐요. 소리가 마음에 흘러들어가 치유를 가져온답니다.

○ 글을 읽다가 마음에 와닿는 구절에 줄을 긋거나 메모한 후, 잠시 멈춰 눈을 감고 그 의미를 생각해요.

○ 책을 읽다가 자신이 성장하면서 받은 억압이나 상처가 생각나면 그때의 장면을 구체적으로 떠올리고 내면의 어린아이인 나에게 다정하게 말을 건네주세요.

오늘의 기도

언제 어디서나 나와 함께해주시는 주님,

당신을 볼 수가 없어 보이는 것에 빠져 살아가는 오늘,

멈춰 눈을 감으니 보이지 않던 당신이 보입니다.

당신이 우리에게 주신 위대한 상상력,

당신의 현존을 내 마음에 모시고

생생하게 친구처럼 다정하게 이야기를 건넵니다.

기도를
　　　　잘하고
　　　　싶어요

✳

"수녀님, 제가 기도를 잘하고 있는 걸까요?"

자주 듣는 질문입니다. 저는 수도자로 살아온 지 30여 년이 넘었습니다. 활동수녀로서 하루에 세 시간은 의무적으로 성당에서 기도해요. 그러니까 수녀가 된 이후 시간으로는 3만 시간이 넘고, 날수로는 일천삼백 일이 넘는 날을 성당에 앉아 기도했다고 할 수 있어요. 그 외 피정이나 성체조배 시간까지 더하면 4년이 넘는 시간을 아무것도 하지 않고 오로지 기도하면서 성체 앞에 머물렀다 할 수 있고요. 이 정도의 수련을 거쳤다면 기도만큼은 자신이 있어야겠지만, 저 역시 아직도 기도를 잘하고 있는지 확신이 가지 않아요. 그러니 세상에서 바쁘게 살아가는 사람들이 기도하기 어렵다고 하소연하는 것은 당연한 듯해요.

"기도하긴 하는데 제대로 하는 건지 모르겠어요."
"기도하려고만 하면 딴생각이 나고 마음이 흩어져요."
"기도해봤자 들어주시지도 않는 것 같고, 할 맘이 안 생겨요."

기도는 단순히 성체나 십자가 앞에 머무는 것만을 의미하지 않아요. 기도문을 줄줄 외는 것도 아니고, 통과해야 하는 관문도 아니고, 나만 일방적으로 하느님께 매달리는 것도 아니고요. 기도는 평생에 걸쳐 하느님 앞에 마주앉아 사랑을 나누는 대화의 행위라고 생각해요. 기도는 하느님과 나의 주파수를 맞추어 서로 간의 사랑을 확인하는 거예요. 사랑은 저절로 자라는 것이 아니라 만나서 대화를 나누어야 더 깊고 풍성해지잖아요. 그러니 자신이 기도를 잘하고 있는지를 묻기보다, 하느님을 자주 만나고 있는지를 생각해봐요.

그런데 사랑하는 사람이 만나자고 하는데 시간이 없다며 만남을 거절한다면 상대방은 어떻게 생각할까요? 당연히 '아, 나를 사랑하지 않는구나' 하겠지요. 가끔 바빠서 기도할 시간이 없다는 말을 듣기도 하고 저도 일에 매몰되어 기도시간을 놓칠 때가 있어요. 그러면서 '그래, 오랜 시간 두 손 모아 기도해야만 신앙심이 깊은 것도 아니지' 하면서 변명하려 하고요. 생각해보면 좋아하는 일, 또 해야만 하는 일은 밤시간을 줄여서라도 하잖아요. 그런데 마음과 영혼을 돌보는 기도에는 왜 이렇게 인색하게 시간을 이리저리 재는지 모르겠어요.

하지만 다행히도 시간과 장소의 조건이 충족되지 않아도 할 수 있는 기도가 있어요. 일하면서, 걸으면서, 잠깐의 침묵중에, 짧은 시간중에 할 수 있는 기도예요. 연인이 바쁜 와중에도 잠깐이라도 만나 안부를 주고받으며 서로의 사랑을 확인하듯이, 하느님께 우리의 마음을 표현하고 나누는 일은 언제 어디서든 가능해요. 이를 '화살기도'라고 해요. 언제 어디서든 화살처럼 강하게 날아가는 것이지요. '주님, 어떻게 하면 될까요?' '지혜를 주세요.' '사랑합니다.' '감사합니다.' 짧은 한마디지만 일상에서 힘이 되는 기도이기도 해요.

━━◇◇◇━━

화살기도를 할 때 억지로 말을 만들지 말고 마음에서 우러나오는 사랑의 마음을 일으키도록 하자. 신심의 가장 중요한 훈련은 하느님의 현존에 대한 의식의 강화와 화살기도의 훈련이다. 이것이 잘되어야 관상기도도 잘할 수 있다.

말하는 기도,
듣는 기도

우리는 기도가 청하는 것이라고 생각하곤 해요. 그래서 듣기보다 말하려 하지요. 그런데 사랑하는 사람과 불화가 생기는 원인을 가만히 보면 대개 대화에 문제가 있지 않나요? 상대의 말은 듣지 않고 자신의 생각만 관철하려고 하거나 자기 식대로 듣고 오해하는 경우 대화는 단절되고 관계까지 흔들리지요.

하느님과의 대화도 마찬가지예요. 성당에 앉아 하느님께 청하고 한탄하면서 자기 말만 하다가 주님의 대답은 들을 여유도 없이 그냥 일어나 나오는 경우가 있지 않나요? 이렇게 기도할 때 마음에 위로를 얻었던가요? 기도하면서도 여전히 불안하기만 하지 않던가요? 많은 경우 문제는 듣지 않는 데서 비롯

되는 것 같아요. 오랫동안 성당에 머물러 있어도 듣기보다 말하려고만 한다면 위로와 평화도 얻기 어렵더라고요.

사무엘은 주님의 세번째 부르심에 비로소 "말씀하십시오. 당신 종이 듣고 있습니다"(사무엘상 3:10)라고 대답해요. 주님께서는 사무엘이 들을 수 있도록 두 번의 기회를 통해 준비시켜주신 것이지요. 사무엘처럼 들을 준비를 해보는 건 어떨까요?

마음으로, 진심으로 나 자신을 낮추어야겠다는 생각이 들어요. 눈을 감고 침묵 속으로 들어가요. 시각은 우리를 밖의 세계로 향하게 하지만 청각은 내면으로 들어오게 해요. 집중하고 몰입할 때 눈을 감잖아요. 눈을 감는 것은 하느님의 말씀을 받아 나의 영적 공간으로 온전히 들어가기 위한 준비이자 원의이기도 하고요. 그러면 내 마음속 울림을 느끼게 돼요.

프란치스코 살레시오는 모든 기도는 하나의 생각이지만 그렇다고 모든 생각이 다 기도는 아니라고 해요. 원인과 결과를 따지고 분석하며 생각하는 것은 기도가 아니라는 거지요. 저역시 묵상하다가 어느 순간 '그 사람이 왜 그랬을까요? 그건 분명 이래서 그랬을 거예요. 내일 가서 따져야겠어요' 하면서 생각이 꼬리를 물어 저만의 생각에 빠질 때가 있어요. 이것은 기도가 아니라는 거예요. 생각으로 가득찬 채로 기도하면 그 생각이 기도라고 착각하게 돼요. 그러다보면 자기가 원하는 것만 말하고 자기가 듣고 싶은 것만 듣게 되니 하느님의 말씀이 들리지 않아요. 기도해도 나의 자리가 커지고 하느님에 대한 신뢰는 줄어들기도 하고요. 기도가 기도가 아닌 것이죠.

기도는 사랑하고 싶은 갈망을 담은 영혼의 소리라는 생각이 들어요. 사랑은 혀가 아닌 눈과 숨결과 얼굴로 말해요. 말이 없어도 침묵 자체가 마음으로 소통하게 하고요. 그렇기에 살레시오는 기도가 하느님과 소통하는 나의 감정을 확인하는 시간이라고 말해요. 말도 생각도 없이, 마음으로 온전히 하느님과 함께하는 시간인 것이지요. 생각을 내려놓아요. 끊임없이 꼬리에 꼬리를 무는 내 생각을 잠시 접어두세요. '무슨 말을 할까?' '어떻게 해야 할까?' 이런 고민들도 그냥 놓아버리세요. 그리고 그저 멍하니 하느님 앞에 앉아 하느님을 바라봐요. 침묵은 그 자체로 온전히 하느님과 만나는 기도이니까요.

애인끼리는 비밀도 아니면서 밀담을 즐긴다. 소리 높여 말하면 자기들만 위한 것이 되지 않기에 애인만 알아듣게 말한다. 기도할 때 침묵을 지키는 이유다. 은밀하게 속삭일수록 귓속말은 특별하고 미묘해진다. 은근할수록 더 사랑스러워진다.

기도해도
괴로워요

✳

기도하면 마냥 평화롭고 행복한 것만은 아니에요. 기도를 열심히 하는데도 누군가 밉고 용서가 안 될 수도 있어요. 마음이 불편하면서 그저 괴롭기만 할 수도 있고요. 고통이 기도 안에서 정화되지 않으면 피해 의식으로 더욱더 분노하게 되기도 하지요. 하지만 이럴 때 기도가 안 된다고 포기하지는 말아요. 고통도 기도이니까요. 평화와 기쁨만큼이나 고통 역시 진실로 기도하고 있다는 표시일 수 있거든요.

살레시오의 설교 내용에 따르면, 시에나의 카타리나 성녀가 주님께 "제가 그토록 고통하고 괴로워할 때 당신은 도대체 어디 계셨습니까?"라고 한탄하자 주님께서 이렇게 말씀하셨다고 해요.

"네 마음 안에 있었다."

카타리나가 놀라며 그럴 리 없다고 부인하자 주님이 그녀에게 물으시지요. "네가 죄로 인하여 고통하며 방황할 때 고통스럽더냐, 즐겁더냐?" 성녀는 대답합니다. "물론 말할 수 없는 고통이었습니다." 그러자 주님께서 말씀하십니다. "그 고통은 내가 네 안에 있었기 때문이다."

기도를 열심히 하는데도 여전히 밉고 화나고 용서가 안 되어 괴로운가요? 이럴 바엔 기도한들 뭐하느냐며 스스로를 탓하거나 포기하고 싶을지도 모르겠어요. 그런데 괴롭다는 것 자체가 당신 안에 용서하고 싶은 마음이 존재한다는 증거예요. 그 고통은 당신 안에 주님이 계신다는 표시이기도 하고요. 고통과 괴로움도 진실한 기도의 과정이라는 것을 믿고 싶네요.

———◇◇◇———

하느님을 애타게 갈망해도 원하는 만큼 사랑할 수 없다. 그래서 고통스럽다. 그러나 여기에서 오는 아픔을 기꺼이 수용하련다. 사랑하고 싶은 나의 갈망 또한 사랑하기 때문이다.

기도, 이렇게 해볼까요?

• 활동중에 기도해요

조용한 공간에서 기도하는 것도 필요하지만, 정신없이 바쁜 와중에 기도하면 번다한 일이 기도로 성화되면서 일상이 기도가 될 수 있어요.

• 하느님의 현존을 상상하고 회상해요

사랑하는 사람을 떠올리듯 '하느님은 무얼 하고 계실까?' 하고 하느님을 떠올려봐요. 영성생활에서 가장 중요한 것은 하느님이 지금 나와 함께하고 계심을 의식하는 거예요. 우리는 사랑하는 사람과 늘 함께하지는 않지만 그를 그리워하며 현존을 느끼고 싶어하잖아요. 하느님에 대한 그리움은 관상(contemplation, 라틴어로 실체의 내면을 바라본다는 뜻)으로 가게 하는 길이랍니다.

• 기도 장소는 주어지는 곳이 아니라 창조하는 곳이에요

누군가를 기다리거나 버스를 기다리려고 잠시 멈추어 선 그곳이 바로 기도 장소예요. 책을 읽으면서, 음악을 들으면서,

십자가를 바라보면서, 성서를 읽으면서, 이웃과 대화하면서 기도를 한다면 그 모든 곳이 기도 장소입니다.

• 성경 말씀을 읽으며 기도해요

먼저 하느님과 마주하고 싶은 간절한 마음을 느껴보세요. 그러고는 성경에서 일어나는 구체적인 상황을 상상해요. 그 상황 속에서 인간 예수님을 바라봅니다. 그 사건 속에 나는 어디에 있는지, 나의 자리도 찾아봐요. 그리고 예수님과 주변 사람들을 만납니다. 예수님과 그들이 나에게 말을 건넬 수도 있고, 내가 먼저 다가갈 수도 있어요. 예수님과의 대화를 정리하고 기록해요. 감사 기도를 드리고, 기도의 열매인 작은 결심을 세워요. 그 결심에 충실하게 살도록 청해요.

오늘의 기도

주님,

기도할 때나 기도를 마친 후나

같은 마음으로 살아가게 하소서!

마치 머리에 물이 가득 담긴 항아리를 이고 걸어가듯

그렇게 조심스럽게 사람에게 다가가고 싶습니다.

기도의 소중한 물이 엎질러지지 않도록요.

기도 안에서 얻은 선한 결심이

사람들 속으로 부드럽게 옮겨가도록 도와주세요!

당신을
그리워하며

*

"사슴이 시냇물을 그리워하듯 하느님, 제 영혼이 당신을 이토록
그리워합니다."(시편 42:2)

찬바람이 불어오면 서랍 깊숙이 넣어둔 두툼한 스웨터를 꺼
내 손질하곤 해요. 순간 저도 모르게 눈시울이 붉어지고 가슴
이 뜨거워질 때가 있지요. 울컥하면서 목구멍에서 올라오는 소
리, '엄마.' 목이 메어 눈물이 나와요. 엄마가 떠준 스웨터의 한
올 한 올에서 잊고 있던 엄마의 숨결이 제 몸안으로 쑥 들어오
면서 그리움이 사무칩니다.

저의 어머니는 이 세상을 떠난 지 10여 년이 넘었지요. 하지

만 제 호흡이 다할 그날까지 '엄마'의 현존을 그리워할 것 같아요. 좋은 일이 있을 때 나보다 더 좋아했고, 슬픈 일이 있으면 나보다 더 아파했던 엄마. 그리고 어느 순간 저는 엄마처럼 살고 있네요. 누가 가르쳐준 것도 아닌데 엄마처럼 웃고 화내고 짜증내고 그리고 엄마처럼 머리카락이 빠지고 주름이 늘어가고요. 어쩌다 거울을 보고, 엄마랑 닮아서 저도 모르게 놀랄 때도 있으니까요. 가족이 모두 엄마의 모습대로 살아가고 있는 것 같아요. 행동도 말투도 웃음도 성격도요. 제 몸의 시작이며 탯줄의 근원인 엄마, 저의 몸에 숨을 불어넣어준 엄마, 지나온 제 삶의 흔적을 기억하게 해주는 고향입니다.

그런데 저에게는 또다른 어머니가 있어요. 제가 어디서 왔고 어디로 가는지 알 수 없지만 저로 존재하게 해준 '영혼'의 탯줄. 제 마음속에는 저도 모르는 어떤 그리움이 있는데요, 정체를 잘 알 수는 없지만 「시편」의 사슴이 시냇물을 애타게 그리워하듯 간절함과 그리움으로 방황할 때가 있어요. 겨우 물을 찾았지만 물속에 비친 제 그림자에 갇혀 슬픈 기억 속에 멈춰버리곤 해요. 그러나 사슴처럼 끝내 먼 곳을 바라보듯 제 맘속 그리움은 늘 그 어딘가로 멀리 향해 있지요. 하지만 제 영혼의 근원인 그분은 멀리 있는 것이 아니었어요. 어머니가 거울 속에서 저를 바라보듯 제 마음속에 늘 살아 계시고 저와 함께 호흡하시는 분, 보이지 않지만 늘 갈망하는 하느님이지요.

가끔은 버림받은 느낌에 사람들이 참 싫어질 때가 있어요. 저라는 사람이 참 별게 아닌 것 같고 사는 것이 의미 없게 다가올 때. 부모나 가족, 동료에게 말할 수도 이해받을 수도 없을 것 같은 그런 순간. 이렇게 세상이 무서울 때면 저는 어두운 수녀원 경당 맨 앞에 앉아 성체 앞에 머물러요. 집 잃은 어린아이처럼 웅크리고 앉아 분노와 슬픔을 삼키면서요. 그러다가 어느 순간 작은 제 몸을 부드럽게 끌어안는 듯하더니 '사랑한다, 내 딸아' 하며 마음속 저 밑바닥에서 울려오는 소리. 아, 숨이 막힐 것 같은 짜릿함. 너무 좋으면 숨까지 멈출 수도 있겠다는 생각이 들던 순간이었어요. 진짜 그분이 제 안에 들어온 것이지요. 아니, 이미 살고 계셨는데 알아채지 못한 거예요.

그런데요, 이런 신비로운 체험이 저를 거룩하고 행복한 사람으로 변화시켰을까요? 아니요. 달라진 것은 없었어요. 고통도 슬픔도 여전히 마음 아래 아리게 남아 있었어요. 다만 아파도 슬퍼도 고통스러워도 고요한 평화를 누릴 수 있다는 것을 알았어요. 제 영혼의 어머니, 하느님은 바로 오늘 여기 제 앞에 계셨어요. 언제나 제 마음의 문고리를 잡고 계셨지요. 그런데 그분은 저의 허락 없이는 절대 열지 않으시더라고요. 그러니까 제가 열어주기만 하면 될 일이었는데 너무 바빠서, 너무 고통스러워서 문고리가 있는지조차 모르고 살았던 나날이 많았던 것 같아요.

$$\text{---}\diamond\diamond\diamond\text{---}$$

벌이 침을 쏘고 나면 죽듯이 주님도 사랑 때문에 상처를 입고 "당신 자신을 낮추시어 죽음"(필리피 2:8)에 이르렀다. 우리도 주님 때문에 아프다. 이는 사랑의 상처다. 만일 우리가 진실로 사랑하지 않는다면 사랑하지 않을 수도 있다는 두려움도 없어서 고통도 없을 것이다.

어머니의
마음으로   살고
싶습니다

✳

어머니가 되고도 남을 이 나이에도 '엄마'라는 말만 들으면 가
슴이 시린 이유가 무엇일까요? 하늘 아래 숨 쉬고 있지 않은
어머니이기에 더욱 아리고 아픈지도 모르겠어요. 더이상 찾을
수도 부를 수도 없기에 더 그리운지도요. 저는 어머니를 떠나
보내기 전에 특별한 휴가를 받은 적이 있어요. 마지막으로 어
머니만을 위한 시간을 보내고 싶었지요. 수녀가 아닌 딸로서
어머니를 돌보며 꺼져가는 생명줄을 잡아주고도 싶었고요.
  처음에는 멋진 시간표를 짜려고 호들갑을 떨었어요. 엄마
를 위해 정말 많은 걸 할 수 있을 줄 알았거든요. 그런데 그냥
엄마 옆에 함께 있어주는 것이 최선임을 아는 데는 그리 오랜

시간이 걸리지 않았어요. 함께 기도하고, 먹고, 자고, 울고, 화내고, 삐치고…… 그냥 그렇게 한 인간으로서, 엄마의 딸로서 함께 있어주는 것이 또하나의 아름다운 기도라는 것을 알았어요.

어머니와 함께하면서 가족으로서 서로의 짐을 지고 간다는 것이 무엇인지도 조금은 알 것 같았고요. 성당에서 밤새 울며 기도한들 한집에서 어머니의 가쁜 호흡과 찢어지는 기침소리를 들으며 잠을 자는 것보다 더 고통스러울 수는 없다는 것을 말이에요. 엄마의 고통스러운 신음소리에 잠에서 깨어 엄마를 달래다가 화내다가 눈물 흘리는 것보다 더 진정한 사랑의 동반이 있을까요? 사랑은 표면의 맑은 물에만 있는 것이 아니었어요. 밑바닥에 앙금처럼 가라앉은, 보고 싶지 않고 인정하고 싶지 않은 분노와 화, 짜증과 성급함, 미움과 설움이 얽히고설킨 채 고여 있는 그곳에도 사랑이 있었어요.

저는 어머니를 돌보는 의젓한 어른이 아니라 엄마 품속을 파고드는 아이라는 사실도 깨달았어요. 어머니는 기력이 떨어져 아무것도 할 수 없는데도 늘 저를 돌봐주셨어요. 한번은 제가 배앓이를 하자 어머니는 저보다 더 아플 텐데도 안타까워 어쩔 줄 몰라 하시며 "내 손은 약손이다, 싹싹 낫거라" 하며 힘없는 손으로 제 아랫배를 문질러주셨어요. 엄마 손은 여전히 따

듯했고 아프던 배가 슬그머니 가라앉았으며 저는 엄마의 사랑을 확인한 아기처럼 스르르 잠이 들었지요.

가장 위대한 사랑은 일상이지요. 그렇기에 '어머니'는 위대해요. 어머니는 이런 일상의 사랑으로 가족을 위해 헌신하면서도 그에 대한 대가를 기대하지 않잖아요. 어머니는 임신하는 순간부터 자신의 일부가 된 한 생명을 보살피고 사랑하며 자신의 몸과 마음을 온전히 내어주지요. 아기는 세상에 태어나기도 전에 이미 엄마의 몸속에서 듣고 느끼고 먹고 경험하면서 엄마의 모든 정신과 영혼을 품어 인간다움의 토대를 만들어가고요. 아기와 엄마의 이런 교감은 감각을 넘어 정신적이고 초자연적이며 영적인 것 같아요.

우리 모두는 엄마의 아기입니다. 우리는 누구나 엄마의 도움 없이는 아무것도 할 수 없던 어린 아기를 평생 내면에 품고 살아가니까요. 그래서 힘들고 고통스러울 때 아기가 되어 '엄마'를 찾아 헤매요. 애써 아닌 척하고 견디다보면 꿈속에서도 아기가 되어 방황하고요. 어머니는 부정할 수 없는 저의 근원이자 사랑과 미움, 행복과 고뇌, 분노와 온유를 모두 품은 저의 자화상이지요. 엄마를 사랑한다는 것은 어머니가 완벽한 존재이고 사랑 자체이기 때문이 아니에요. 제가 그 어둠 속 일부이며 분리될 수 없는 뿌리이기 때문이지요. 그렇기에 어머니의 어둠과 그림자까지도 품을 수 있을 때 비로소 우리는 엄마의 평화로운 아기이자 한 사람의 진정한 어머니로서 서게 되나봅니다.

영성을 사는 것은 아기를 품고 사랑하고 보살피는 그 마음으로 서로를 그리고 세상을 품고 보살피는 여정인 것 같아요. 아이를 낳지 않는 수녀인 저 역시 어머니로 살아야겠다고 생각해요. '어머니'가 많을수록 세상은 더욱더 풍요롭고 행복하지 않을까 싶네요.

---◇◇◇---

어머니는 아이가 걸음마를 시작하면 어느 순간 저 혼자 걸어가게 놓아둔다. 그러다 비틀거리면 다시 손을 잡아주듯 우리 주님께서도 그렇게 사랑으로 우리를 지켜보신다.

주님은
어머니이십니다

✳

참된 신앙인은 어머니에게 온전히 의탁하는 아기처럼 그렇게 주님께 의지하는 사람이라고 프란치스코 살레시오는 말해요. 주님은 어머니처럼 언제나 우리를 품으시고 사랑하시기 때문이지요.

나 홀로 설 수도 없고 홀로 갈 수도 없는데 '괜찮아' 하며 돌아선 적 있나요? 쓰러지고 싶을 정도로 힘이 없는데 그래서 기대고 싶고 의지하고 싶은데 '걱정 마' 하며 떠난 적 있나요? 너무도 외롭고 서글퍼서 가슴 한편이 싸하고 눈시울이 뜨거워지는데도 '신경쓰지 마' 하며 외면한 적 있나요? 나 홀로 광야에

버려진 것 같아 세상이 원망스럽고 도망가고 싶어도 '어른이니까 참아야 해' 하며 눈물보다 미소를 보인 적 있나요?

우리의 육신은 어른이어도 영혼은 아이일 수 있지요. 그러니 영혼의 어머니이신 주님의 품에 안겨 아픈 영혼을 달래야겠어요. 슬프고 고통스럽고 외로울 때 어머니이신 주님의 품에 안기면서요. 생명을 창조하시고 그 생명을 보살피시는 하느님의 모성애를 느껴봐요. 마음속 깊은 구렁에서 혼자 울며 떨고 있는 내면의 '아기'를 주님께 온전히 맡겨드리면서요. 우리 모두 어머니이신 주님의 품에 안겨 기쁘면 웃고 슬프면 우는 아이가, 아픈 마음을 보살피는 어른이 돼요.

하느님의 사랑을 받는 사람아, 안심하여라.
두려워 말고 힘을 내어라. 힘을 내어라.(다니엘 10:19)

나 너와 함께 있으니 두려워하지 마라. 내가 너의 하느님(어머니)이니 겁내지 마라. 내가 너의 힘을 북돋우고 너를 도와주리라. 내 의로운 오른팔로 너를 붙들어주리라.(이사야 41:10)

일상을 돌보는 마음영성 12

어머니 품에서 일상의 영성 살기

어른이 되어도 내가 알지 못하는 아이가 무의식에 집을 짓고 살면서 사사건건 개입하니 감정 조절에 실패하기도 하지요. 때로는 화를 참지 못하고 어린아이처럼 고집을 부리기도 하고요. 참아보려 하지만, 다스려보려 하지만 쉽지가 않아요.

- 그럴 땐 그냥 아기가 돼요. 아기가 되어 엄마 품에 안겨요. 아기는 엄마 품에서 사랑받고 있음을 본능으로 알고 불안감을 해소해요.
- 「시편」131편을 묵상하면서 주님의 품에 안긴 가장 행복한 아기인 나의 모습을 상상해요.

"주님, 저의 마음은 교만하지 않고 눈도 높은 곳을 보지 않으렵니다. 저는 거창한 것을 따라나서지 않고 놀라운 일도 꿈꾸지 않으려고요. 차라리 젖 떨어진 아기처럼 평온하게 어머니 품에 안기렵니다."

오늘의 기도

주님,

저는 아무것도 할 수 없습니다.

아기처럼 힘이 없어요.

그저 저의 미약한 노력으로 당신 품에 매달려봅니다.

그러니 어머니이신 당신이 저를 꼭 껴안고

맛스러운 입술과 행복한 가슴으로

저를 품어주세요!

"우리 마음은 어디에 있을까?"라는 질문으로 시작되는 『마음의
집』이라는 그림책이 있습니다. 누구에게나 있지만 알 수 없는
마음, 그 마음에는 '집'이 있다고 하네요. 문과 방도 있고, 창문
도 있고, 화나면 도망갈 수 있는 계단도 있대요. 변기도 있어서
미움과 질투가 생기면 변기 손잡이를 꾹 누르면 된다는군요.

그런데 마음의 집주인이 너무나 자주 바뀝니다. 어떤 날은
초조가, 어떤 날은 걱정과 불안이 마음의 집을 차지합니다. 그
리고 우리의 생각과 감정을 분리시키고 어느 사이에 마음을
쫓아냅니다. 그래서 우리는 마음 없는 생각, 마음 없는 감정으
로 나 자신도 알 수 없는 행동을 하는 건지도 모르겠습니다.

마지막 페이지를 덮으면서 저의 책에 대한 세 가지 소망을
이야기하고 싶어요.

첫번째로 '알아차림'의 안내서가 되어주었길 바랍니다.

여러 크고 작은 일로 마음의 통증을 호소하던 수많은 사람이 떠오릅니다. 모두 마음을 잃고 아파하고 있어요. 이럴 때 저에게 아픈 마음들을 단번에 치료할 수 있는 신통한 약이 있으면 얼마나 좋을까요? 너무 아프지 않았으면 합니다. 인생의 기차는 끝없는 터널을 지나 어디론가 가는데 너무 아프면 내가 지금 어디로 가고 있는지조차 모른 채 방황하게 되니까요. 이때 알아차려야겠습니다. 알아차림mindful은 영성의 기운입니다. 조바심에 '내가 왜 이러지?' 하며 야단하고 질책하기보다 '아, 내가 이렇구나' 하며 그냥 알아차리기만 해도 좋을 것 같습니다. 내가 내 마음을 알아차리는 것만으로도 삶에 방향을 비추어주는 영성의 빛을 감지할 수 있으니까요.

두번째로 마음의 집주인이 되어 있기를 바랍니다.

우리 모두 따뜻한 손을 들어 서로를 잡아주면 어떨까요? 그래도 허전하고 힘들면 조용히 두 손 모아 사랑이며 마음이신 주님을 바라봅니다. 슬픔도 기쁨도 고스란히 그분 앞에 내려놓습니다. 그리하여 이 책의 마지막 책장을 덮으면서 어느새 우리의 마음이 마음의 집주인이 되어 있기를 바랍니다. 이 책이 마음의 집 열쇠를 찾아줄 수 있다고 장담할 수는 없어요. 하지만 생각과 감정이 서로 만나지 못할 때 촛불이라도 밝혀져 있다면 더듬거리면서라도 찾아갈 수 있으니까요. 이 책이 그럴 수 있었기를 소망합니다.

마지막으로 마음의 집 열쇠를 찾으셨기를 바랍니다.
모든 무장을 풀고 돌아가야 할 고향인 '마음의 집'을 찾아 자유를 누렸으면 합니다. 그저 좋아 취하게만 만드는 게 아니라 생각하고 선택하면서 행동할 수 있는 자유를요. 그래서 무엇인가 간절히 하고 싶어지면 참 좋겠습니다. 자유롭지 못하고 나 아닌 나로 살아온 순간들을 잠시라도 내려놓을 수 있기를 바랍니다. 허탈하고 가슴 시린 순간들, 누군가의 품에 묻혀 소리 내어 엉엉 울고 싶던 순간들, 어딘가로 떠나고 싶어도 그저 주저앉아야만 했던 순간들, 사랑하고 싶어도 쉬고 싶어도 외면하고 싶어도 허락되지 않던 우리의 모든 현실을 조용히 내려놓고 우리만의 집, '마음의 집'의 열쇠를 찾았으면 합니다.

그리고 또하나, 이 책의 마지막 장을 덮으면서 행복한 탄성이 나왔기를 바랍니다.
"이 책을 만난 건 정말 행운이었어!"

참고문헌

1. 프란치스코 살레시오, 『신심 생활 입문』, 가톨릭출판사, 2011

2. Francis De Sales, John K. Ryan(Translator), *Introduction to the Devout Life*, Image Books, 1989

3. Francis De Sales, Dom Henry Benedict Mackey(Translator), *Treatise On the Love of God: Masterful combination of theological principles and practical application regarding divine love.*, Tan Books, 1988

4. Wendy M. Wright, *Heart Speaks to Heart: The Salesian Tradition*, Orbis Books, 2004

5. Jeseph F. Power, *Francis De Sales: Finding God Wherever You Are*, New City Press, 1993

6. Joseph Boenzi, *Saint Francis de Sales: Life & Spirit*, DeSales Resource Center, 2017

흔들리는 마음에게

영성이 마음에게 건네는 안부

1판 1쇄 발행 2012년 5월 21일
2판 1쇄 발행 2022년 8월 8일
　 3쇄 발행 2025년 2월 27일

지은이 김용은

편집 정소리 이희연 | 디자인 이보람
마케팅 김선진 김다정 | 저작권 박지영 형소진 오서영 조경은
브랜딩 함유지 박민재 김희숙 이송이 박다솔 조다현 배진성 김하연 이준희
제작 강신은 김동욱 이순호 | 제작처 천광인쇄사

펴낸곳 (주)교유당 펴낸이 신정민
출판등록 2019년 5월 24일 제406-2019-000052호

주소 10881 경기도 파주시 회동길 210
전화 031) 955-8891(마케팅) | 031) 955-2692(편집) | 031) 955-8855(팩스)
전자우편 gyoyudang@munhak.com

인스타그램 @thinkgoods | 트위터 @thinkgoods | 페이스북 @thinkgoods

ISBN 979-11-92247-30-4 03200

천주교 서울대교구청의 인가를 받은 출판물입니다. (2022년 8월 17일)